EMOCIONES SUJETAS A DIOS

Karen Quiroz

e625.com

EMOCIONES SUJETAS A DIOS
e625 - 2023
Dallas, Texas
e625 ©2021 por Karen Quiroz

Todas las citas bíblicas son de la Nueva Biblia Viva (NBV)
a menos que se indique lo contrario.

Editado por: **Marcelo Mataloni**
Diseño interior y portada: **Bárbara Soriano**

RESERVADOS TODOS LOS DERECHOS.

IISBN 978-1-946707-67-3

IMPRESO EN ESTADOS UNIDOS

Me faltan palabras para expresar
cuán agradecida estoy a mi amado Dios;
sin Él nada de lo que soy y de lo que
hago podría llevarse a cabo. Gracias
Padre porque tengo la certeza de que
este proyecto nació primeramente
en tu corazón.

Agradezco inmensamente a mi esposo;
él es mi apoyo incondicional, quien me
impulsa a volar más alto y quien cree
en lo que Dios ha depositado en mí.
Su ayuda, ánimo y amor en este proceso
han sido cruciales para llevar a cabo
tan hermoso proyecto.

CONTENIDO

INTRODUCCIÓN

¿Te imaginas una vida sin sentimientos ni emociones? Seríamos seres estáticos; solo haríamos las cosas de manera monótona, sin expresión, relación o reacción. ¡Qué aburrido sería todo! ¡Cuánta frialdad rodearía al ser humano! Sería todo gris... y por eso damos gracias a Dios por las emociones. Ellas traen color a la vida, movimiento, agitación, expression y conexión.

Sin embargo, las emociones también han sido estigmatizadas como algo que trae desequilibrio y se las relaciona más con el alboroto que con la tranquilidad. No creo ser la única que ha experimentado emociones de manera intensa, y si me pidieran describir un episodio en donde he sentido una carga emocional, lo compararía con una montaña rusa, en donde nos sentimos en las alturas pero bajando rápidamente; pasamos por movimientos veloces que impiden que reaccionemos, y luego nos encontramos sin saber qué hacer. Quizás mi descripción de una carga emocional puede parecerte algo exagerada, pero si el tema emocional no se canaliza de la manera correcta puede generar muchos problemas. 

No se trata únicamente de expresar o ventilar las emociones, sino de integrarlas a la razón; a veces se pone mucho esfuerzo en solo querer controlarlas, cuando sería mejor entendernos a nosotras mismas, con todo lo que ello implica. Las emociones forman la amalgama que nos mantiene conectadas con lo que es significativo y también con los demás, y por eso el mejor camino sería prestarles atención y escuchar atentamente lo que quieren decirnos, sin hacer oídos sordos o ignorarlas.

Es necesario ampliar el escaso conocimiento que hay respecto de las emociones y los sentimientos e integrarlos a nuestros contextos de lo cotidiano y también de manera íntima, sanando la división que hay entre lo emocional y lo racional, porque tener un coeficiente intelectual alto no significa que sepas manejar de manera inteligente tus emociones. Es un error pensar que por el hecho de tener habilidades para estudiar y que tus calificaciones

hayan sido siempre altas seas una persona que maneja bien sus emociones.

Quiero invitarte a que por medio de este libro puedas sumergirte en el mundo de las emociones, que puedas conocer y comprender los beneficios que trae para la salud física, mental y espiritual el manejo correcto de las mismas, ya que estas influyen en muchas áreas de nuestra vida, como la toma de decisiones, el aprendizaje, el rendimiento y las relaciones. Te mostraré su origen y cómo estas fueron desarrollándose en el hombre a medida que fue pasando el tiempo.

Profundizaremos sobre las emociones y sentimientos que cotidianamente nos acompañan, quizás la forma más correcta de decirlo sería que nos confunden: aparecen en los momentos que menos esperamos, nos desbordan, nos inmovilizan, traen malestar corporal y pensamientos que mantienen por demasiado tiempo nuestra mente ocupada, y esto le suele pasar normalmente a las personas que no tienen una formación de qué hacer con ellas. Hay falsas percepciones respecto a las emociones.

Quiero advertirte que este libro no fue escrito solamente para personas con altos niveles de dolor emocional o para cuando se está en una crisis o en un momento de malestar intenso, sino para todos porque sea donde sea que te encuentres ahora con tus emociones, es crucial dejarte guiarlas a la luz de las Escrituras para que puedas encontrar fortaleza, salud y madurez.

Dios quiere enseñarte esta parte de ti que tiene que ver con las emociones, no para que huyas ni te reprimas. Él quiere ser el el gobernante de ellas, quiere dirigirte y tomar el control, para que tu vida sea un reflejo de su carácter y para que con tu vida puedas ayudar a otros.

Sí, tú puedes ser aquella persona que lleve de la mano a otra que se sienta deprimida, aquella que haga reír a quien se sienta triste, quien motive a quien no tiene motivo alguno para seguir adelante; tú puedes ser un ejemplo para todas aquellas que vienen detrás de ti.

Es por eso que en *e625.com/extras* encontrarás una *Guía de Trabajo Grupal* con quince secciones para aplicar a cada uno de

los capítulos de este libro. Esta guía está especialmente diseñada para grupos pequeños o grupos de discipulado con actividades, videos y temas musicales que podrás descargar para acompañar a otras mujeres a conocer sobre las emociones e intentar desarrollar, mediante la ayuda del Espíritu Santo, una sana gestión emocional.

¡Vamos, demos inicio a este recorrido!

GESTIÓN EMOCIONAL

CAPÍTULO 1

TODO COMIENZA CON DIOS

Tú hiciste todas las delicadas partes internas de mi cuerpo y las uniste en el vientre de mi madre. ¡Gracias por haberme hecho tan admirable! Es admirable pensar en ello. Maravillosa es la obra de tus manos, y eso lo sé muy bien. (Salmos 139:13-14)

¿Alguna vez te has levantado con el deseo de no hacer nada? Hay días así, en que sientes tristeza pero no sabes el motivo exacto, días en que puedes sentir toda la euforia del mundo y quisieras realizar infinitas actividades, y sin embargo, hay otros momentos donde el miedo puede tomar el control, paralizándote o animándote a huir.

Cada día somos invadidas por distintas sensaciones y emociones que nos hacen pasar de un estado a otro: alegría, tristeza, enojo, desánimo, frustración, distintas situaciones que pueden llevarnos al desborde y el descontrol. Las emociones nos guían cuando se trata de enfrentar momentos que son difíciles y también nos ayudan con tareas que son muy importantes como para dejarlas en las manos del intelecto: peligros y pérdidas que causan grandes dolores, querer formar una familia, o invertir en nuevas amistades; incluso cuando tienes metas en mente y persistes en alcanzarlas, y aunque no siempre se logren los objetivos, las emociones estarán presentes todo el tiempo.

Aquellos sentimientos que están en lo profundo de tu ser (pasiones y anhelos) son guías esenciales sobre asuntos humanos. No podemos ser razonables sin aquellos movimientos interiores llamados *emociones:* estas también constituyen nuestra humanidad y le dan color a la vida; de lo contrario todo sería del mismo tono.

Las emociones cumplen la función de alertarnos. Los sentimientos cuentan tanto como el pensamiento cuando se trata de darle forma a nuestras decisiones y a nuestras acciones.

Deja esto grabado en tu mente:

Ser racionalmente inteligente puede no tener la menor importancia si eres dominada por las emociones.

En ocasiones las pasiones aplastan la razón, y es por eso que hay momentos en que quisiéramos no tenerlas, porque habitualmente las relacionamos a situaciones que nos traen conflictos y desorientación.

Las emociones son idea de Dios

Pues claro, todo lo que somos y lo que tenemos en nuestro cuerpo fue creado por sus preciosas manos. Como un alfarero, que está moldeando la arcilla requiriendo de mucha habilidad y cuidado para que su trabajo sea preciso, Dios se dio el tiempo de tomar simple polvo inanimado de la tierra y con delicadeza y destreza lo transformó en un hombre, creando infinidad de átomos, células, órganos, tejidos y músculos; un cerebro, un corazón, soplando su propio aliento para que todos aquellos órganos se convirtieran en un ser vivo, un reflejo de su propia imagen. Y dado que Dios no hace nada sin un propósito, cada delicada parte tenía una función por cumplir.

Entonces Dios dijo: «Hagamos a los seres humanos a nuestra imagen, a nuestra semejanza [...]». (Génesis 1:26)

La creación más maravillosa de Dios fue el hombre, quien no evolucionó ni descendió de ninguna forma inferior animal sino que fue creado por Dios. Y cuando me refiero al hombre incluyo, por supuesto, a la mujer, porque su palabra dice: «Y Dios los creó hombre y mujer. Luego Dios los bendijo [...]» (Génesis 1:27-28). Dios

es Señor soberano del universo y creador de la vida, y todo lo que existe fue creado para su deleite y para su gloria.

¡Somos seres maravillosamente complejos! Si hasta nosotras mismas desconocemos cómo funciona nuestro cuerpo y lo complejo que puede llegar a ser; las emociones no quedan exentas de esto: estas fueron creación de Dios y su propósito es que ellas se manifiesten para nuestro bien.

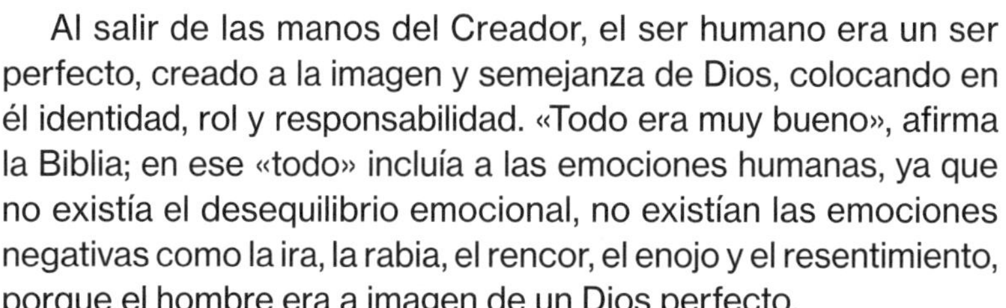

Maravillosas son tus obras. No tenemos por qué ir a los confines de la tierra para ver maravillas, ni aun hemos de cruzar el umbral de nuestra casa; abundan en nuestros propios cuerpos. (Charles Spurgeon)

Dios conoce cada parte interna de nuestro cuerpo y cómo estas funcionan, ¿cómo no va a conocernos perfectamente el que nos ha creado? Nos conoce desde antes de nacer, y Aquel que ha creado esta máquina sabe perfectamente cómo funciona.

Nada escapa de la mano de Dios, y todo está en su pleno conocimiento: todas nuestras emociones, las que expresamos y las que reprimimos, pensamientos y sentimientos que solo nosotras conocemos y a veces desconocemos. Todo lo que conforma nuestro ser está en pleno conocimiento de quien nos creó.

Al salir de las manos del Creador, el ser humano era un ser perfecto, creado a la imagen y semejanza de Dios, colocando en él identidad, rol y responsabilidad. «Todo era muy bueno», afirma la Biblia; en ese «todo» incluía a las emociones humanas, ya que no existía el desequilibrio emocional, no existían las emociones negativas como la ira, la rabia, el rencor, el enojo y el resentimiento, porque el hombre era a imagen de un Dios perfecto.

La humanidad es parte de la hermosa creación de Dios, y el propósito de por qué fuimos puestos en la tierra es para reflejar su carácter y expresar su gloria.

¿Cuándo comenzaron los conflictos emocionales?

Aceptar nuestra feminidad como mujeres es un tema que muchas veces es complicado ya que nos cuesta tener una correcta percepción de ella, pero todo comienza en el jardín del Edén, en ese momento en que Adán y Eva decidieron desobedecer a Dios apartándose de él, la fuente de vida, y de todo aquello que les había dado al crearlos para que gobernasen la tierra y fructificaran. Utilizaron incorrectamente la libertad que les dio para desafiarlo, al decidir no ser ese hombre y esa mujer «a su imagen», sino que quisieron independizarse apropiándose del conocimiento del bien y el mal. Lamentablemente, las consecuencias de las malas decisiones de ambos nos persiguen hasta el día de hoy.

Un instigador entra a la escena

Dios quiere que enfrentemos nuestra vida de manera sabia, bien pensada y por sobre todo guiadas por su Espíritu Santo. Por supuesto que él no quiere que seamos mujeres sin carácter, él no viola nuestra personalidad, pero quiere que todo nuestro ser esté bajo su control y que nuestro mayor deseo sea obedecerlo, simplemente porque el ser humano encuentra la plenitud en él.

El enemigo de Dios es Satanás, quien tiene un único objetivo en mente: destruir y hacer daño a toda la belleza de nuestro diseño divino. Él siempre estará intentando estropear esa belleza y esplendor con el que fuimos creadas, intentará hacer todo lo posible para impedir que el hombre y la mujer cumplan el plan de Dios de ser un reflejo de su gloria.

En el huerto había una serpiente, era la más astuta de todos los animales del campo que Dios había hecho (Génesis 3:1), y Satanás la utilizó para acercarse a la mujer y tentarla. La persuadió para que cuestionara a Dios y tergiversara todo lo que Dios le había dicho a Adán; la instigó con una duda en su corazón respecto a Dios y

sus ordenanzas. Eva, inocente e ingenua —o quizás codiciosa—, se rindió ante lo que el Diablo estaba ofreciéndole, llevándola a abandonar la maravillosa voluntad de Dios y a negar así su feminidad, es decir, el rol de ayudadora y su diseño original que Dios le había otorgado previamente. Eva, al ver que el árbol era bueno, codiciable, apetecible, deseable para comer y también agradable a los ojos, para alcanzar la sabiduría tomó de su fruto y comió, y para complicar más la situación, ella ofreció del fruto que comió a Adán, quien no se negó y también comió. Veamos lo que sucedió:

La serpiente era el más astuto de todos los animales salvajes que el Señor Dios había hecho.

Cierto día le preguntó a la mujer:

¿Es verdad que Dios no les permite comer de ningún árbol que hay en el jardín?

La mujer le contestó:

Sí podemos comer los frutos de cualquier árbol, menos del que está en el centro del jardín. Dios nos dijo que si comemos o tocamos el fruto de ese árbol, moriremos.

¡Mentira! —silbó la serpiente—. ¡No morirán! Lo que pasa es que Dios sabe que, cuando ustedes coman del fruto de ese árbol, obtendrán todo el conocimiento, pues podrán conocer el bien y el mal. ¡Ese día ustedes serán como Dios!

> Ser racionalmente inteligente puede no tener la menor importancia si eres dominada por las emociones

La mujer contempló el árbol y se convenció de que su fruto era bueno para comer. Además, lo vio muy hermoso, y pensó que era su oportunidad para conseguir la sabiduría. Así que agarró el fruto y comió. Luego le dio de comer a su marido, el cual estaba con ella. (Génesis 3:1-6)

El resultado de aquel pecado hizo que ambos fueran expulsados del huerto del Edén, y esa relación profunda que ambos tenían con Dios fue alterada, afectándolos no solo a ellos sino también a toda la tierra y la humanidad. Lamentablemente su respuesta significó que, desde ese día en adelante, habría una «serpiente» en el huerto de cada mujer; eso quiere decir que a partir de ese momento seríamos el blanco de un enemigo que constantemente estaría maquinando planes en nuestra contra, queriendo tentarnos, hacernos caer y separarnos de Dios. Ese enemigo es el mismísimo Diablo.

Por su lado Adán, influenciado por la propuesta de Eva, renunció a su responsabilidad masculina que Dios le había dado hacia ella. Esta fue la primera ocasión en que un hombre y una mujer pecaron, y fue esta acción la que está llevándonos a experimentar hoy en día la inversión de roles.

Para entender el origen y funcionamiento de las emociones necesitamos primero ir a la creación del primer hombre y la primera mujer, ya que es ahí donde inicia todo. Ellos fueron los que le dieron un vuelco total a la creación inicial, porque como dije anteriormente, Dios había creado todo a su imagen, perfecto y bueno; sin embargo, cuando el hombre decide desobedecer y abrirle la puerta al pecado, ocurre un cambio que no solo los afectó a ellos como primer hombre y mujer sino que afectó a toda la humanidad, y hasta el día de hoy vivimos las consecuencias del pecado.

Esta desobediencia desafiante arruinó el perfecto diseño de Dios en el hombre y la mujer: se tornaron inútiles para su propósito.

Por el pecado de un hombre, el pecado entró en el mundo, y por el pecado llegó la muerte. Y como todos pecaron, la muerte ha pasado a todos. (Romanos 5:12)

Adán tenía ciento treinta años cuando le nació un hijo, a su imagen y semejanza, y le puso el nombre de Set. Adán vivió ochocientos años más, tuvo hijos e hijas, y murió a los novecientos treinta años de edad. (Génesis 5:3-5)

Al pecar, el hombre se separó de Dios y perdió la imagen y semejanza de él, y a partir de ese momento, Adán y Eva comenzaron a engendrar hijos a *su* propia imagen y semejanza, una de hombre caído y degenerado. Las emociones no se libraron de las consecuencias del pecado.

Estamos unidos en la raza humana. Al pecar, el patrón original de Dios fue modificado y por eso las cosas están tan complicadas desde entonces. Muchos ignoran que toda la raza humana está unida en Adán y que todos sufrimos las consecuencias de la primera transgresión, por eso es importante que atendamos y evitemos subestimar el poder de todo pecado, considerando cómo este puede estar afectando nuestras vidas y nuestro círculo de influencia.

Con una simple observación de la historia bíblica podemos ver cómo el pecado, al dominar al hombre, pasó también a dominar sus emociones. Hoy nuestra realidad no es la de Adán y Eva antes de caer en pecado: hoy necesitamos entender cómo lidiar con nuestras emociones, no rechazarlas ni reprimirlas sino conocerlas, entenderlas, gestionarlas y encaminarlas con la dirección de Dios.

A medida que vayas avanzando y atendiendo aquellas áreas que están en descontrol o con falta de guía de Dios (como consecuencia de una naturaleza caída), haciendo un autoanálisis de tus acciones o actitudes que podrían estar lejos de agradarlo, será fundamental buscar arrepentimiento y perdón de Dios, quien es justo y fiel para perdonar por medio de su hijo Cristo Jesús y restaurar nuestras vidas al modelo original.

¿Qué son las emociones?

Todo el mundo sabe qué es una emoción hasta que se le pide definirla. (Joseph LeDoux)

Para que puedas sumergirte en el mundo de las emociones debes saber primeramente qué son.

Todas las emociones son impulsos que recibimos para actuar. La palabra *emoción* viene del latín *emovere* que significa «agitar», «movimiento exterior», y esto nos indica que en toda emoción hay implícita una tendencia a actuar.

El *Dictionnaire Universel de Furetière* (1690), uno de los primeros en la lengua francesa, dice acerca de la emoción: «Movimiento extraordinario que agita el cuerpo o el espíritu y que turba el temperamento o el equilibrio». ¡Qué definición más profunda! Si esa definición tan antigua se ha conservado hasta ahora, es porque paradójicamente contiene las características esenciales que la ciencia moderna utiliza en la actualidad para definir una emoción.

La emoción nos llevará a movernos, algo ocurrirá dentro de ti. Sin darte cuenta, un impulso nacerá de tu interior y hablará a tu entorno; es una sensación que también te dice quién eres y puede llevarte a conectarte con el mundo.

Hay momentos en nuestra vida en donde por más que queramos ocultar que algo nos pasa no podemos. En la noche dejas todo preparado para presentarte al otro día a primera hora a una reunión, sabes lo que harás desde la mañana hasta el final del día, dejas todo preparado para que no quede nada pendiente, pero algo sucede: te quedas dormida y olvidas poner la alarma para levantarte temprano. De repente, despiertas asustada porque percibes que tu despertador nunca sonó; te levantas muy apurada, apenas te das tiempo para arreglarte y comer algo. A esa altura ya te sientes enojada porque sabes que no alcanzarás a llegar a tiempo. El transcurso del viaje es solo una tortura, porque vas pensando únicamente en esa alarma que no dejaste programada, y una vez en la reunión, te cuesta deshacerte de la molestia que tienes y se nota en tu rostro. Al pasar el día, vas reponiéndote y puedes disfrutar un poco más lo que estás haciendo en ese momento.

Las emociones son funcionales y duran algunos segundos, o como máximo unos minutos. Si pasan las horas y la emoción continúa entonces ya estamos hablando de un *estado anímico* (una actitud o disposición en la vida emocional). Existen emociones que pueden ser más complejas, como la vergüenza ante una situación específica, que sigue una ruta que es más lenta y puede tardar segundos o minutos para que se desarrolle; es una emoción que sigue al pensamiento. También existen emociones que pueden ser

buscadas, y a esto podemos verlo directamente en las personas que se dedican a la actuación (un actor recuerda momentos tristes para llorar). Esto nos indica que nosotras podemos elegir. Tú puedes elegir en qué pensar; es cierto que pueden venir pensamientos de manera repentina, pero dependerá solo de ti si quieres que estos permanezcan o si decides cambiarlos por otros.

No puedes evitar que los pájaros vuelen sobre tu cabeza, pero sí puedes evitar que hagan nido en ella. (Martín Lutero)

Tomar la decisión de que un pensamiento se quede o se vaya será muy importante para evitar cualquier episodio complejo en la vida. Por ejemplo, cuando recordamos situaciones en las que nos sentimos felices, esos pensamientos que vienen a la mente nos animan. ¿A quién no le gusta recordar aquellos momentos en donde experimentamos felicidad? Sin embargo, cuando viene un pensamiento que es más bien melancólico nuestra reacción es tornarnos más reflexivas, pero generalmente son reflexiones de las que no sacamos experiencias buenas ya que apagan nuestro ánimo.

> Las emociones duran algunos minutos. Si pasan las horas y la emoción continúa entonces ya estamos hablando de un estado anímico

¡Esto es increíble! Personalmente me ha pasado que cuando viene un buen recuerdo a mi mente siento una alegría inmensa, e incluso lo percibo hasta en la expresión de mi rostro porque esos momentos me hacen sentir bien, y viene esa añoranza de querer revivirlos. Por eso es importante recolectar memorias, aquellas memorias que reconfortan el corazón. Pero también, al venir a mi cabeza un pensamiento de aquel momento de conflicto o de tristeza, mi sensación es distinta; a pesar de haberlo resuelto, es como si generara una pesadez en mi interior.

Las emociones, quieras o no, están presentes en tu vida y en distintas situaciones. Si no les prestas atención no lo notarás, pero son energía, te alteran y cambian tu estado. En muchos casos las

emociones viven, hablan, piensan y actúan por ti. Puedes estar pensando: «¿Será que las emociones pueden hablar y vivir por mí?». ¡Así son las emociones! Ahora mismo, intenta recordar un día en que te hayas emocionado... ¿Qué sentiste? ¿Qué pasó con tu cuerpo? ¿Qué pensaste?

Seguramente vas a responder «Ni siquiera pensé en eso, no recuerdo si mi cuerpo sintió algo». ¿Y los pensamientos? «Eran tantos los que vinieron a mi mente en ese momento que no puedo recordarlos».

Hay reacciones evidentes

Con la emoción el cuerpo incluye fenómenos físicos, y esto puede abarcar todo nuestro interior (se nos puede acelerar el corazón, por ejemplo). La emoción no agita solo el cuerpo sino también el espíritu, y nos hace pensar de manera distinta (algo que los investigadores denominan el *componente cognitivo de la emoción*, que hace que podamos calificar nuestro estado emocional y le demos un nombre), pero las limitaciones del lenguaje hacen que muchas veces haya restricciones en los sentimientos y que lleguemos a la conclusión de que no sabemos lo que nos pasa; puede turbar la razón o puede animarla. ¿Te has sentido así, sin poder transmitir lo que realmente sientes? Eso se produce por el lenguaje limitado: la dificultad de poner nombre a lo que sentimos puede limitar en gran manera la capacidad de comunicación, por eso es muy importante que te eduques respecto al área emocional.

Todos nos emocionamos, nadie puede decir lo contrario (si hay alguien que nunca haya experimentado una emoción, seguramente no es de este mundo). Somos seres humanos, todos hemos sentido en algún momento de nuestras vidas esa aceleración interna o sensación de que algo ocurre, que te alerta o te incomoda. Una emoción te predispone a hacer algo, ya sea para enfrentar, aceptar o huir, pero te predispone para una acción; eso que sientes es solo tuyo, solo te ocurre a ti. Podrías estar junto a un grupo de personas y ser la única que siente esa sensación, y ya explicaré el por qué.

Con la ayuda de Dios y a medida que vayamos profundizando más y más en este tema, quiero que te examines y evalúes. Dios quiere que conozcas aquellos lugares que has evitado, aquellos sitios que descuidaste, y como creador de tu vida y de todo tu ser, te extiende la invitación a conocerte en profundidad, a entenderte, pero por sobre todo a dejar que él te guíe, y afirme y sane tu corazón. Él quiere que experimentes las emociones según su diseño divino.

Las emociones necesitan ser liberadas, pero ¡ojo!, eso no quiere decir que, con tal de darte un momento de libertad, debas dejar que estas actúen como quieran. Estas te asustan porque te enfrentan a realidades que preferirías no ver; te obligan a encararlas, es por ello por lo que preferimos guardarlas, pero esto no es una buena solución ya que pueden llegar a oprimirte.

La libertad que debemos darles es para generar un autocontrol y una buena gestión emocional.

¿Para qué sirven las emociones?

Vimos anteriormente que cada vez que sientes una emoción esta trae consigo una acción, ella te llevará a moverte. Las emociones señalan aquellos acontecimientos que son significativos para la persona y también motivan a los comportamientos para que así podamos manejarlos.

Nuestra inteligencia se amplía por medio de las emociones si estas nos aportan información que esté relacionada con nuestro bienestar. Cuando miras tus metas o necesidades, estas te informan si estás satisfecha o si te sientes frustrada; la tristeza te dice que has perdido algo importante; el miedo, que estás en peligro y la alegría, que has alcanzado una meta.

Cuando necesitas tomar decisiones, los sentimientos espontáneos te predisponen rápidamente. Por ejemplo, supongamos que te piden que escojas entre el invierno o el verano; si te gusta el verano, inmediatamente lo escogerás, y de esa manera se limitan las opciones que consideras y evitas sentirte abrumada.

Cada emoción influye de alguna u otra manera en las decisiones que tomamos; por ejemplo, cuando nos sentimos tristes estamos más expuestas a escoger cosas que no nos favorecen (como una relación tóxica o un mal negocio). El enojo puede generar impaciencia en nosotras y hacer que decidamos de manera rápida sin pensar en las consecuencias, y es por esa razón que debemos conocer las señales que estas nos dan, así sabremos cuándo quieren alertarnos para parar o guiarnos para avanzar.

No mires a las emociones como obstáculos sino como procesos organizadores a los cuales debes prestarles atención

No mires a las emociones como obstáculos que aparecen en tu vida y que hace falta eliminar, sino más bien míralas como procesos organizadores a los cuales debes prestarle atención. Si las combinas con la razón te darán armonía y contribuirán para que seas una mujer más eficaz en entornos que siempre están cambiando.

Nuevamente vemos lo compleja y maravillosa que es la creación de Dios: hizo a las emociones para que nos ayuden a adaptarnos rápidamente en el mundo y también nos dan la facultad para la resolución de problemas. En otras palabras, significa que las emociones te ayudan inmensamente a conducir tu vida. ¿Te imaginas una vida sin emociones? No sentiríamos nada ante ciertas situaciones, no habría reacción alguna, no habría expresión de nuestros afectos, no formaríamos relaciones profundas. Si todo estuviera basado en el intelecto, solo estaríamos facultados para aprender, entender y razonar, y todo sería tan frío... Trato de pensar en lo que sería llevar una relación profunda con Dios sin que haya expresión de lo que siento. ¡Qué difícil es pensar tener una relación íntima con él basada solo en la lectura y memorización, solo conocimiento y nada de expresión!

Las emociones nos dan esa facultad de expresar lo que sentimos, nos ayudan a tomar medidas, nos ayudan a prosperar, a sobrevivir y a evitar peligros, nos motivan a tomar decisiones, nos ayudan a escoger. Las emociones nos permiten enviar señales

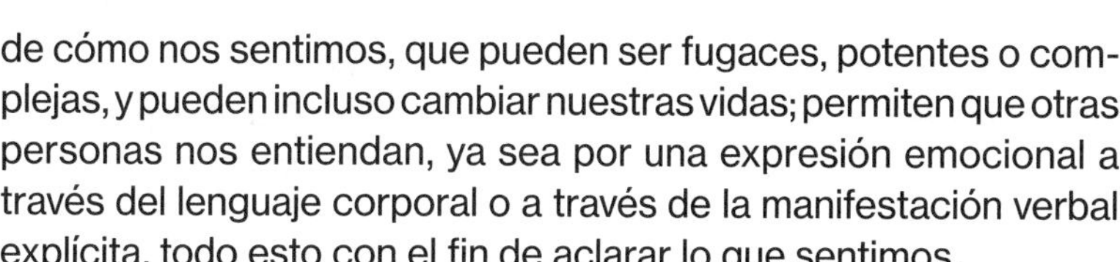

de cómo nos sentimos, que pueden ser fugaces, potentes o complejas, y pueden incluso cambiar nuestras vidas; permiten que otras personas nos entiendan, ya sea por una expresión emocional a través del lenguaje corporal o a través de la manifestación verbal explícita, todo esto con el fin de aclarar lo que sentimos.

Como podemos ver, las emociones sirven para una amplia variedad de propósitos, por lo que aprender a identificarlas y manejarlas marcará una gran diferencia en nuestra forma de ser y en la manera que tenemos de relacionarnos. Con ellas podemos relacionarnos con Dios, podemos expresar y manifestar cuánto lo amamos y podemos sentir la grandeza de su amor (algo que no podríamos hacer si no tuviéramos emociones). Gracias a Dios la realidad es otra, y podemos amarlo con todo lo que somos.

Internamente, las emociones te proporcionan información que penetra la conciencia refiriéndose a cosas que son muy privadas. Ellas te dicen que te sientes orgullosa, humillada, angustiada, enojada; te hablan de experiencias determinadas que tienes en tu vida. Las emociones simplemente llegan y te llevan a la acción en el proceso que estés viviendo.

Actuamos constantemente y sin pensarlo: nos movemos, sonreímos, abrazamos, nos levantamos y nos rascamos sin hacer esfuerzo consciente, pero el prestar atención a los sentimientos da a la vida significado, color y valor.

Indicadores

Las emociones nos orientan para abordar proyectos con entusiasmo; de esa manera, si nos damos cuenta de que todo va bien, actuamos. Sin embargo, si una mañana nos despertamos con miedo o tristeza, ellas nos indican que algo no anda bien y que hay algún problema.

Esto es de alguna manera como cuando observas el tablero del automóvil: este te entrega toda la información de sus necesidades o de lo que pueda andar mal. Cuándo hay falta de combustible, si hay un neumático desinflado o no se ha cambiado el aceite; hay luces de alerta que se encenderán indicándonos que hay un problema que solucionar. Lo mismo pasa con las emociones, ya que nos indican cuando algo está saliendo mal, nos señalan la manera en cómo estamos conduciendo nuestra vida o que ha sucedido algo que requiere nuestra atención.

No puedes mirar hacia otro lado al recibir este tipo de mensaje emocional, porque es un indicador de que hay un problema que hay que resolver. El descontrol emocional ocurre cuando no pusiste atención, te sentiste mal y reaccionaste mal, pero no hiciste nada al respecto; tienes que actuar con conciencia y reflexionar sobre lo que está ocurriendo, creando soluciones para esas situaciones que han producido ese malestar. Por eso, es de vital importancia aprender a reorganizar tu mundo emocional de manera consciente.

Emociones desbordadas

Aún recuerdo que en mi etapa de adolescente siempre me veía invadida por la tristeza; estaba tranquila, pero de un momento a otro me envolvía el llanto. Muchas veces lloré por motivos claros, pero hubo muchas otras en que lloré sin saber por qué. En ese tiempo carecía de madurez y había cosas que no comprendía (mucho menos me conocía a mí misma), pero ahora, ya adulta, entiendo y veo todo más claro, y comprendo que las emociones en sí no son malas, porque son un regalo de Dios. Es un inmenso regalo poder sentir, pero también las emociones podrían ser un enemigo terrible, que hasta podrían transformarte en su esclava: por ejemplo, cuando te llevan a tomar malas decisiones, o cuando andas en una *montaña rusa* con cada circunstancia o mala noticia que recibes. Si dejas que ellas dicten tus respuestas y te guíen, tu vida tendrá una gran inestabilidad, por eso necesitamos estar atentas.

Para reflexionar

Quiero invitarte a que tengas un tiempo de reflexión. Confío en que Dios, a medida que vamos avanzando en la lectura, irá mostrándote de manera profunda todas aquellas áreas que necesitan un cambio. Con su ayuda lograrás identificar todo aquello que está trayendo inestabilidad y desánimo a tu vida, ya que Dios quiere ordenar y guiar tus emociones.

- ¿Qué tipo de situaciones son las que te generan más emociones?

- En una escala de 1 a 10 (donde 1 es *poco* y 10 es *mucho*), ¿cuán influyentes son tus emociones en la toma de decisiones?

Decide en este día entregar tus emociones en las manos de Dios.

Descarga en **www.e625.com/extras** la *Guía de Trabajo Grupal* correspondiente a este capítulo.

CAPÍTULO 2

LAS EMOCIONES DESDE LA PERSPECTIVA DE LA NEUROCIENCIA

El cerebro emocional responde a un evento más rápidamente que el cerebro racional. (Daniel Goleman)

Nuestro cerebro actúa de manera interconectada. No podemos pensar que una parte funciona por aquí y otra por allá. Pensamos, actuamos y sentimos de manera interconectada, esto quiere decir que nuestras emociones tienen un impacto en nuestra capacidad de cognición. Anteriormente mencioné que las emociones traen movimiento a nuestro cuerpo y que podemos percibir sus impactos en distintas zonas, y no solo eso, sino que también podemos afirmar que las emociones pueden ser el interruptor de encendido y apagado de nuestra capacidad de aprendizaje.

La teoría del cerebro en tres partes

Esta teoría fue desarrollada en el año 1970 por el médico y neurocientífico norteamericano Paul MacLean, con la cual buscaba explicar cómo el cerebro responde a sus estructuras más básicas,

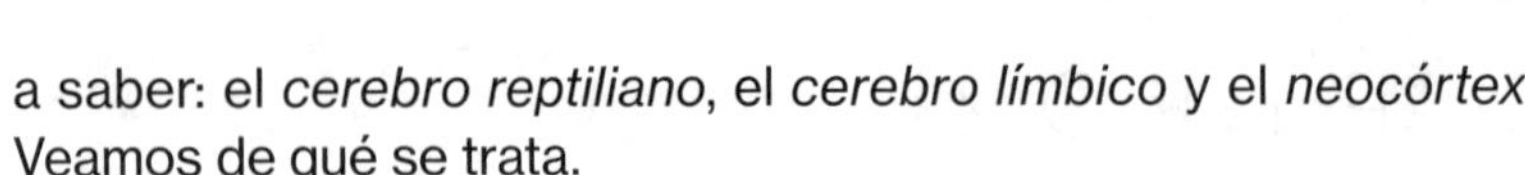

a saber: el *cerebro reptiliano*, el *cerebro límbico* y el *neocórtex*. Veamos de qué se trata.

El **cerebro reptiliano** o *tronco cerebral* es el que nos lleva a la acción; representa el 5% del volumen cerebral y tiene como función abogar por la supervivencia. Debido a eso actúa de forma rápida, mecánica e inconsciente a partir de los reflejos (atacar o huir) y se manifiesta en conductas automáticas de supervivencia como la respiración o el latido del corazón; nos da poco lugar a la improvisación, controlando nuestros estados de alerta y excitación, controla todos nuestros movimientos involuntarios y es el que nos hace movernos. ¿Te ha pasado que a veces vas por la calle a oscuras en una dirección y de repente la cambias porque te sientes insegura con tanta oscuridad? Bueno, así reacciona esta parte.

El **cerebro límbico** o *cerebro emocional* representa el 10% del volumen cerebral y controla la vida emotiva, permitiendo clasificar las experiencias nuevas en agradables y desagradables (esto puede ser a favor o en contra de la supervivencia). Está conformado entre otros componentes por la *amígdala* (sí, tenemos más de una en nuestro cuerpo, pero esta es cerebral y es muy importante para las emociones), el *tálamo* y el *hipocampo* (con forma de caballito de mar). El sistema límbico se comunica mediante emociones y síntomas ligados a ellos, como náuseas, sofocamientos, rabia, miedo, respiración y pulso agitados, pena y conducta agresiva, entre otros. Entre sus funciones puede destacarse la evaluación obtenida del entorno, aprendizaje y memoria declarativa (uno de los dos tipos de memoria a largo plazo de los seres humanos, que hace referencia a todos aquellos recuerdos que pueden ser revividos de forma consciente, como hechos o eventos específicos) y abarca expresiones como el amor y el odio.

El **neocórtex** controla tanto las emociones como las capacidades cognitivas (memorización, concentración, autorreflexión, resolución de problemas), representa el 85% del volumen cerebral (una de las áreas más desarrolladas de la corteza cerebral) y está compuesto por dos hemisferios, el izquierdo y el derecho: el izquierdo es el encargado de las funciones racionales como el pensamiento lógico-simbólico, mientras que el derecho es funcional y analítico, y está relacionado con la creatividad y el arte. Tiene funciones como la planeación de estrategias, el razonamiento, la toma de decisiones conscientes, la regulación de las emociones y la comunicación a través del lenguaje estructurado.

Entonces podríamos decir que el procesamiento de información que involucra a estas tres partes se da de la siguiente manera: un estímulo afecta los sentidos del ser humano (vista, oído, olfato, etc.) y esta información, producto del estímulo, llega hasta el tálamo, pasando luego por el neocórtex y de este hacia la amígdala cerebral, la cual desencadena una emoción o una acción.

Las emociones nos impulsan a sobrevivir pero también nos impulsan a vivir, nos avisan cuándo debemos alejarnos de algún peligro y también nos llevan a acercarnos cuando algo es placentero. Frente a cualquier estímulo que pueda haber, ya sea de manera consciente o inconsciente, las emociones se preparan para la acción, para poner en marcha aquellos sistemas que preparan al cuerpo y al cerebro para actuar, permitiendo a la vez que estas se manifiesten por medio del comportamiento.

Algunas estructuras cerebrales implicadas en la emoción

Es necesario que puedas entender un poco cómo es que nuestras emociones activan en nuestro interior sistemas cerebrales; en parte podemos percibir cómo ellas se manifiestan, pero dentro de nosotras hay un trabajo de conexión que desconocemos. Me gustaría darte un poco de información para que veamos lo hermosa que es el funcionamiento de nuestro cuerpo.

¿Te has dado cuenta de cómo reaccionamos cuando el brillo de un sol radiante nos encandila la visión en el momento en que vamos conduciendo o caminando? Esta información que recibimos es un exceso de luz, somos impactadas por una gran luminosidad que impide que veamos bien. La luz recibida viajará a través del nervio óptico a los centros de procesamiento que están situados en el sistema nervioso central, lo que permite elaborar una respuesta.

¿Qué pasa en este caso? Surgen señales, hay estímulos que indican que hay una sensación de desagrado que fue originada por una gran cantidad de luz que fue alcanzada por la retina del ojo, y como nuestro cuerpo fue creado de manera muy inteligente, esta información comienza a ser procesada para elaborar una respuesta. Resultado final: elevamos nuestra mano para situarla a la altura de nuestros ojos y protegerlos. Esta es una respuesta motora, y el movimiento muscular que lleva asociado es un ejemplo de cómo nuestro sistema nervioso interacciona con nuestro entorno. Es increíble cómo todo funciona maravillosamente porque al mismo tiempo en que se da la orden para que haya una acción muscular —que probablemente sea consciente— aparecen otros tipos de estímulos inconscientes que pueden ser asociados a la cantidad de luz que recibimos.

Para mayor claridad, quiero compartir con ustedes un ejemplo que me entregó el profesor Iván Ballesteros: nuestras pupilas se contraen, así como lo hace un fotógrafo cuando abre y cierra el diafragma de su cámara para evitar que su foto salga velada, y nuestro ojo reacciona con movimientos musculares que no son voluntarios, sino que son activados por nuestro sistema nervioso de manera automática. Si pusieras más atención a tu cuerpo y cómo este reacciona ante los estímulos, podrías valorar más el cómo fuiste creada, maravillosamente compleja; si pudieras percibir cada reacción que tienes frente a los estímulos externos que recibes, notarías que todo esto tiene la finalidad de adaptarnos a algún cambio que se ha producido en nuestro entorno.

A simple vista esto parece sencillo, pero recuerda que no he ahondado más. No estoy pretendiendo hablar del sistema nervioso central o de todas las partes del cerebro porque conlleva un arduo estudio; solo quiero enfocarme en las emociones y explicar un poco y de manera simple qué pasa en nuestra cabeza y cuerpo. Al parecer nuestro sistema nervioso funciona con un principio de acción y reacción, donde en el momento de recibir un nuevo estímulo se produce una respuesta cuya finalidad es adaptarnos. Pero ¿qué pasaría si el estímulo recibido, en lugar de estar asociado a la potente luz, fuera emocional? ¿Cómo? «¿Qué estás tratando de decir con "estímulo emocional"?», me preguntarás.

La neurobiología nos habla de que un estímulo es «emocionalmente competente» cuando puede activar las regiones anatómicas cerebrales que están implicadas en la generación de emociones, tanto en sus manifestaciones físicas (llanto, sudoración, latidos cardíacos, enrojecimiento cutáneo, etc.) como psicológicas (tristeza, agresividad, miedo, euforia, entre otras). Te había mencionado que nuestro cerebro actúa de manera interconectada, y que si bien hay partes que tienen un funcionamiento específico, hay un impacto de las emociones en nuestro cuerpo.

Entonces la idea podría seguir siendo la misma: así como el dolor físico activa centros nerviosos provocando cambios fisiológicos que nos llevan al llanto, la emoción activa centros nerviosos fisiológicos asociados a cada tipología emocional.

Inductores emocionales

La neurociencia moderna considera que la corteza prefrontal y el lóbulo temporal (como la amígdala y el hipocampo) son los territorios cerebrales de los que dependen los procesos emocionales normales y también los desequilibrios afectivos presentes en muchas enfermedades mentales.

El *hipocampo* es un componente importante del cerebro y juega un papel crucial en la consolidación de la memoria, pero además tiene un papel importante en el procesamiento emocional por su implicación directa en el recuerdo. Muchos de nuestros recuerdos presentan componentes emocionales, y de este modo, la memoria se convierte en un inductor emocional.

Nuevas investigaciones consiguieron definir que era el complejo amigdalino y no la totalidad del lóbulo temporal la estructura cerebral más vinculada a los procesos emocionales, aunque es importante considerar que no es la única estructura cerebral relacionada con ellos, y que el control emocional tampoco es exclusivo de la amígdala.

La amígdala cerebral, un centinela emocional

Conversando con varias personas me di cuenta de que muchos no conocen otras amígdalas más que las de la garganta. Tenemos una *amígdala cerebral* —que es una masa con forma de almendra que se sitúa bajo el lóbulo temporal— que tiene un papel fundamental en el procesamiento de la memoria y también en las reacciones emocionales. Podría decirse que es una de las protagonistas de la conducta agresiva derivada de emociones como el enfado, y que también es la principal responsable de que sintamos miedo, una emoción con un gran valor adaptativo, ya que nos avisa de que nuestra supervivencia puede correr peligro (capítulos más adelante hablaremos de ella). Tan pequeña como una almendra pero con tantas funciones; hasta su actividad se ha asociado a funciones cerebrales muy diversas como la revisión de los principales factores que afectan el recuerdo (memorias), el aprendizaje y las relaciones sexuales.

Para aterrizar un poco esta explicación quiero que entiendas que la amígdala es el centro de regulación emocional y está considerada como un centinela (vigilante) de lo que ocurre a nivel cerebral pero también de lo que ocurre en nuestra vida, ya que siempre está buscando amenazas. Cuando la amígdala recibe algún tipo de información las preguntas que se hace son: ¿esto es una amenaza? ¿Es algo peligroso? ¿Es algo a lo que le tengo miedo? Si la respuesta es sí, dependiendo del grado de la intensidad, esta envía una señal al cerebro para ponernos en estado de alerta: «Aquí hay una amenaza», «Tengo que protegerme», «Tengo que atacar o tengo que huir». Algunas veces hasta podríamos quedarnos paralizadas, de modo que nuestras reacciones podrían ser más de ataque que de huida.

Lo interesante es que la amígdala por lo general suele actuar en base a experiencias pasadas; por ejemplo, cuando alguien va a comenzar una nueva relación o se integra a un nuevo trabajo, en muchas ocasiones la persona se pone como a la defensiva, tensa, pensando que esta nueva persona que ha llegado a su vida puede

generarle algún tipo de daño o traición, porque en el pasado ya tuvo la experiencia de personas que le hicieron daño. Lo mismo con una experiencia negativa en el área laboral, donde el recuerdo de la experiencia pasada vendrá a la mente, pues la amígdala nos traerá esos recuerdos. Cuando estés en esa posición lo mejor es que te pongas en estado de alerta, porque internamente pueden haberse activado alarmas y luces de emergencia de que esa persona puede hacerte daño. Pero después pensamos «No todo el mundo es igual, no se tiene por qué repetirse lo mismo», y entonces automáticamente cuando vamos a comenzar una nueva actividad o relación comenzaremos a compararlas con algo que ya hemos aprendido.

El secuestro de la amígdala

¿Alguna vez te has sentido arrastrada de manera irremediable por una emoción poderosa que te hizo perder el control? ¿Alguna vez te has dejado llevar por situaciones o has dicho cosas de las que luego te has arrepentido? Bueno, a mí me ha pasado, y me imagino que a ti también. ¡Qué difícil es enfrentar ese momento en que te arrepientes de algo que hiciste, pero no entiendes por qué llegaste a ese punto! Si en algún momento de tu vida has sentido que tu cerebro estaba siendo dirigido por tus emociones, quiero que sepas que esto ocurrió porque *fuiste secuestrada por la amígdala.*

¡Secuestrada por la amígdala! ¿Cómo es esto? Es un término acuñado por el psicólogo Daniel Goleman para explicar este tipo de reacciones emocionales incontrolables. Goleman, como experto en inteligencia emocional, nos cuenta que el secreto de que nos volvamos irracionales tiene que ver con la falta momentánea e inmediata de control emocional, porque la amígdala asume el mando en nuestro cerebro.

Las emociones negativas intensas absorben toda la atención del individuo, obstaculizando cualquier intento de atender a otra cosa.(Daniel Goleman)

Esto tiene mucho sentido y me hace recordar situaciones en que he escuchado de personas que han sido desbordadas por sus emociones (la amígdala secuestra el funcionamiento del cerebro). Este «secuestro» es una reacción emocional inmediata y desproporcionada en relación con el estímulo que la ha desencadenado, porque se percibe como una amenaza a la estabilidad emocional. Esto se produce porque la amígdala roba la activación de otras áreas cerebrales, dominando la conducta del sujeto y apagando el área que nos hace más racionales, más humanos.

Las noticias muchas veces nos informan de casos en que sujetos de un momento a otro colapsan y se dejan llevar por la ira, golpeando a cualquiera que se les ponga delante, o peor aún, tomando un arma y disparando sin control a cada persona que esté frente a ellos. Recuerdo que hace como nueve años atrás, las noticias informaron que un hombre llegó a una estación de metro en Santiago (Chile), y por razones que se desconocen sacó un arma y comenzó a disparar; fueron seis las personas afectadas, quedando cuatro heridos y dos muertos, y finalmente el hombre decide dispararse, quitándose la vida. Estos son casos terribles, pero son ejemplos claros de reacciones inmediatas y desproporcionadas en comparación al estímulo. Hay casos en los que el agresor manifiesta no saber por qué reaccionó así, perdiendo el control, pero hay otros de los cuales puede decirse que hay problemas internos y que están ligados a una inestabilidad mental.

La mayoría de los adultos no llegamos a estos extremos, pero también pasamos por momentos en donde nos desbordamos, hacemos cosas que no debemos hacer pero que se nos escapan, gritamos, discutimos, lanzamos palabras sin tomar el peso de cuán dañinas pueden ser, tenemos malas actitudes, tomamos malas decisiones, accionamos de manera inapropiada, dando pleno dominio a lo que sentimos. Generalmente estas reacciones ocurren con personas que son más cercanas a nosotros, como padres, hermanos, pareja, suegra, algún familiar, pero no es muy usual que suceda con amigos, compañeros de trabajo (menos con un jefe, policía o juez). ¿Qué te dice esto? Que si quieres y estás dispuesta puedes controlarte a ti misma, de la misma manera en que podríamos controlarnos si nos topamos con una persona que puede estar en un desborde emocional. Debemos procurar controlarnos y no dejarnos llevar por el descontrol.

Cuando te encuentras ante un estrés importante, como puede ser una congestión vehicular, en donde vas retrasada a una reunión o cuando quizás las cosas no están saliendo como pensabas, nuestra amígdala nos «secuestra», lo que hace que todo nuestro cuerpo se llene de adrenalina y cortisol, que lo alteran durante aproximadamente cuatro horas de secuestro emocional.

Después de una emoción intensa producida por un gran episodio de estrés solemos sentir durante un tiempo lo que podemos llamar un «malestar emocional». Este malestar se debe a las hormonas que todavía circulan por nuestro organismo y que hacen que el malestar dure mucho más tiempo.

> Después de una emoción intensa producida por un gran episodio de estrés solemos sentir un «malestar emocional»

En definitiva, es importante considerar que para poder salir del secuestro de la amígdala cuando un estrés importante lo activa, hay que poner espacio entre lo que ha ocurrido y el momento presente. Detente para poder pensar en la situación que te incomoda en ese momento, para no simplemente llegar y reaccionar; trata de incorporar actividades que activen tu parte lógica del cerebro, como hacerte preguntas que te lleven a analizar sobre la situación y así no dejar que solo la parte emocional tome las riendas del asunto.

Una montaña rusa de emociones

Vivir en un mundo imperfecto, con un corazón engañoso y una mente entenebrecida, combinado con los cambios de las emociones defectuosas, es una receta segura para el pecado. (Catherine Scheraldi de Núñez)

Estudios han demostrado que las áreas cerebrales que forman las emociones son más grandes en la mujer y tienen más conexiones con las otras áreas del cerebro que la de los hombres; por esa razón,

> Las áreas cerebrales que forman las emociones son más grandes en la mujer y tienen más conexiones con las otras áreas del cerebro que las de los hombres

se producen emociones a un nivel más alto y con mayor frecuencia. También existen diferencias en la secreción de las hormonas que estimulan las emociones; por ejemplo, en el hombre la producción de testosterona es estable, mientras que la mujer tiene cambios abruptos en la producción del estrógeno, que da lugar al ciclo menstrual y a los cambios emocionales.

La mujer experimenta cambios emocionales en el día a día. Nuestro cuerpo fue creado para enfrentar diferentes ciclos, y cada uno de ellos nos hacen vivir tantas sensaciones que a veces nos abrumamos. Nos cuesta ver a Dios aun en los cambios que experimentamos físicamente. ¿Será que Dios puede entendernos como mujeres? En las ocasiones en que estamos experimentando estos cambios, claro que puede resultar difícil creer que Dios pueda entendernos; sin embargo, así es, Dios nos entiende y conoce, porque somos «hechura suya», «obra de sus manos». Él sabe lo que sucede en nosotras de principio a fin.

Antes de Génesis 3, la mente y las emociones funcionaban en armonía, todo estaba según Dios lo había creado, «todo era bueno». Pero tal como les hablé al inicio del capítulo anterior, con la caída del hombre no solamente el cuerpo físico comenzó a morir sino que el equilibrio que había entre la mente y el corazón desapareció, las emociones comenzaron a alterar significativamente nuestra forma de pensar y el pecado pasó a dominar nuestras emociones. Como mujeres, podemos ver esto de manera clara: en distintas instancias de la vida nuestras emociones son como una montaña rusa en la que nos dejamos llevar de arriba hacia abajo, y el movimiento generado deja consigo varios malestares.

De manera natural nuestras emociones van a querer manifestarse según nuestro cuerpo vaya sintiéndolo, y dependerá de nosotras si estas colaboran o causan estragos. Las emociones defectuosas son una receta segura para el pecado, a menos que las emociones sean gobernadas a través del dominio propio. Pero hay esperanza: el evangelio tiene el poder de corregir este sistema que ha sido dañado por el pecado y traerlo de nuevo a la armonía en Cristo.

Piensa: ¿cuántas veces has pensado que eres una montaña rusa de emociones? No te compliques, tranquila; no eres la única que se ha sentido así, ya que todos los síntomas y sentimientos de este proceso los experimentamos la mayoría de las mujeres. Al ser incómodos y no entenderlos bien, generan desagrado en nosotras.

Nuestro cuerpo experimenta cambios hormonales y percibe estos cambios, los siente; ya sea de manera intensa o no, algo ocurre en nuestro cuerpo que envuelve hasta nuestra manera de sentir y —por qué no decirlo— de pensar. Conocer estos cambios o al menos aprender a identificarlos puede ayudarnos mucho como mujeres.

Cuando estamos en la fase de nuestro ciclo menstrual nuestras emociones andan a flor de piel, hay más sensibilidad, nos sentimos más decaídas y generalmente cuando se comete un error las primeras culpables son las hormonas, pero debemos ser honestas y reconocer que no todos los cambios de humor que tenemos son culpa de ellas; pero sí es importante comprender estas alteraciones, para que aprendamos a manejarlas y que así nuestra vida y nuestras relaciones no sean determinadas por el período del mes que estemos viviendo.

Hasta aquí podemos darnos cuenta de que nuestras emociones no dependen solo de estímulos externos, sino que hasta nuestros propios cambios fisiológicos internos pueden desencadenarlas. Mi deseo es llevarte por medio de esta lectura a que entiendas primeramente qué son las emociones, antes de juzgarlas o rechazarlas, ya que saber cómo actúan te guiarán a un mejor manejo de ellas. Como hijas de Dios debemos estar atentas a no dar espacio a que las cosas nos pasen simplemente porque son algo natural, sino que todo nuestro ser debe estar gobernado por el Señor, incluyendo nuestro cuerpo y todo lo que este conlleva.

¿Qué ocurre en el proceso?

Durante las primeras dos semanas del ciclo menstrual, cuando el estrógeno está aumentando, hay un incremento del 25% en las conexiones del hipocampo, el lugar donde se almacenan la memoria y las emociones. En la primera semana —que es la *fase preovulatoria*—, después de haber tenido la menstruación, hay un aumento de energía física y en la capacidad de analizar y hacer buenas planificaciones ya que nuestra concentración está en un mejor estado. Probablemente te sientas optimista y esperanzada, te sientas más astuta, y con las ideas más claras; la memoria está activa, la mente es más ágil y rápida. Es un tiempo en donde puedes sentirte firme en tus decisiones, más positiva, y con el deseo de motivar a aquellos que están a tu alrededor. ¡Wow! ¡Qué maravillosa semana, días para aprovechar al máximo el nivel de tus energías! Podría decirse que esta es la semana en que nos transformamos en una especie de *mujer maravilla*, listas para cualquier desafío que venga por delante.

La semana siguiente, que es la *fase ovulatoria*, es el mejor momento del ciclo a nivel emocional ya que el estado de ánimo es positivo. Los niveles del estrógeno comienzan a nivelarse, hay una transición suave pero notable donde la actitud es más relajada, dulce y madura, y es la fase donde puedes sentirte más expresiva, sociable, empática y radiante. Puedes aprovechar esta fase para resolver conflictos, construir nuevos proyectos o ideas. No evites exteriorizar tus sentimientos y deja fluir tus ideas; es posible que te sientas especialmente segura.

Cuando la ovulación ocurre en el final de la segunda semana, la progesterona comienza a aumentar y hay una disminución en estas mismas conexiones formadas durante el principio del ciclo.

La tercera semana es la *fase premenstrual*, en la cual comienza a bajar la energía física, hay cambios de humor que se producen unos tres o cuatro días antes de la menstruación (es decir, entre los días 25, 26 y 27 del ciclo). Esta fase se caracteriza por tener sentimientos más negativos que se extienden a estados de depresión, ansiedad, irritabilidad y baja autoestima; los niveles de estrógeno bajan, comienza la etapa de autocríticas, reclamos y todo lo que esto conlleva: hay tensión mamaria, hinchazón, dolor de cabeza, puedes sentir antojo de cosas dulces, cambios en el interés sexual, tristeza, cansancio, irritabilidad, ansiedad, agresividad, dificultad para concentrarte...

Una bomba de emociones, cambios, cambios y más cambios.

Es importante señalar que todos estos síntomas, cambios en el cuerpo y en el ánimo no necesariamente lo experimentan todas las mujeres, ni lo viven de la misma manera; para algunas es más intenso, para otras quizás no tanto. Ahora, sí hay que tener en cuenta que el momento que cada una esté viviendo influenciará de manera significativa. Por ejemplo: si estás viviendo un tiempo en el cual estás muy estresada o con mucho trabajo, algún problema personal o hasta un problema de salud, estarás más sensible y vulnerable para enfrentar estos cambios.

La cuarta semana llamada *fase menstrual* funciona como una fase para ir a lo esencial, priorizar y —en cuanto se pueda— descansar. Esta fase podría decirse que es la más reflexiva, es un momento para detenerse, evaluar y conectar con lo que realmente es importante para ti. Aquí los niveles hormonales de estrógenos y progesterona están disminuyendo, la tensión y la ansiedad aumentan, y cosas muy pequeñas molestan e irritan; puedes sentirte desatendida y de a ratos sola, como si nadie estuviera cerca para ayudarte. Hay una lucha interior entre querer aislarse y querer acercarse a los miembros de la familia.

Finalmente, cuando la menstruación comienza, la tensión se alivia y el ánimo se mejora.

Tomar conciencia de todos los cambios que vivimos como mujeres y de todas las etapas a las cuales nuestro cuerpo se enfrenta nos ayudará a buscar algunas estrategias para enfrentar esos días. Para eso, una buena herramienta sería observar qué cambios experimentas en lo físico, emocional y mental, porque todos estos cambios nos afectan completamente, ya sea en mayor o menor intensidad.

Cuando te enfrentes a emociones negativas no intentes negar su existencia, busca su origen

Ahora puedes entender con mayor claridad que cuando estás viviendo estos cambios internos y físicos que tienen que ver con tu ciclo menstrual, lo que sientes puede quedar en evidencia. Seguramente te ha pasado que cuando te sientes sensible o mal por algo, te preguntan: «¿Estás en tus días?», porque por más que quieras disimular, tus emociones se hacen notar.

Conocernos nos sirve para que podamos estar atentas a todos los cambios que vivamos; no podemos mirar hacia otro lado, no podemos entrar en negación, debemos reconocerlos y sacar lo mejor de cada día experimentado en el ciclo. Ten en cuenta que todas somos diferentes, que tú eres única.

A la luz de todo esto es necesario que, como hijas de Dios, nos detengamos por un momento y observemos cuáles son aquellas emociones más comunes en nuestro día a día. Quizás ahora no lo tengas en claro porque no sabes identificarlas, pero es bueno que te tomes este tiempo y puedas analizarte y examinarte, y junto con eso le pidas al Señor que te examine y te muestre aquellas áreas que para ti son difíciles de ver. La resonancia magnética hoy nos brinda información acerca de observaciones que se hacen en lo más interno de nuestro cerebro y otras partes del cuerpo, y con ella podemos ver si hay alguna patología o alteración en los tejidos; también podemos estudiar más las estructuras implicadas con el cerebro emocional y sus respuestas. Quiero invitarte a que seas examinada por Dios, que él pueda mostrarte en profundidad qué hay en ti, que puedas hacerte esa resonancia con él (por decirlo de alguna manera) y puedas descubrir qué pasa contigo, qué hay en tu mente, en tu corazón, en tu interior.

Dios da eficacia a la medicina para el cuerpo, y su gracia santifica el alma. Nos hallamos espiritualmente bajo su cuidado diario, y él nos visita como el médico al paciente: curando cada una de las dolencias cuando aparecen. No hay enfermedad de nuestra alma

que supere su ciencia; él las cura todas; y él lo seguirá haciendo hasta que haya desaparecido el último indicio de infección que quede en nuestra naturaleza. (Charles Spurgeon)

Todo lo que estoy mostrándote te ayudará para conocerte y entenderte más, y de acuerdo a cómo afrontes estos procesos irás sintiendo mayor alivio, pero recuerda: Dios quiere que actúes, pero sobre todo, que lo dejes tomar el control.

Cuando te enfrentes a emociones negativas y sientas que es un problema que no puedes sobrellevar, no intentes negar su existencia, busca su origen; esa es la forma correcta de gestionar aquellas emociones. ¿Provienen de una interpretación distorsionada de la realidad? ¿Son engaño del enemigo? ¿Es mi amígdala nuevamente?

Vivimos en un mundo caído con cuerpos caídos, y sin la gracia de Dios la vida de este lado de la eternidad sería prácticamente imposible. No dejaremos de pecar completamente porque somos mujeres imperfectas que van camino a la perfección y siempre estaremos expuestas a cometer errores, pero como nos explica y enseña el apóstol Pablo, con la ayuda del Espíritu Santo podemos vencer el pecado para que no tenga ventaja sobre nuestras vidas.

Los hijos de Dios son los que se dejan conducir por el Espíritu de Dios. (Romanos 8:14)

Para reflexionar

Tómate unos minutos para reflexionar y escribe los períodos en donde te sientes con una mayor carga emocional. Ora para que sea el Espíritu del Señor quien examine tu corazón.

Oración: *Señor, dame de tu gracia para no ser dominada por mis emociones, que mi corazón y mi razón sean guiados por tu Espíritu; sana mis emociones, que ellas puedan darte gloria hoy y siempre. Amén.*

CAPÍTULO 3

DE LA EMOCIÓN AL SENTIMIENTO

Conocerse a uno mismo no solo es la cosa más difícil, sino también la más incómoda. (H. W. Shaw)

Luego de habernos adentrado en el mundo de las emociones, conociéndolas e interiorizándonos en ellas, podemos decir: ***¡Bienvenidas emociones!*** ¡Claro! porque ahora estarás más consciente de lo que sientas.

Anteriormente te mencioné cómo las emociones están presentes en tu vida, no durante un determinado momento sino en distintas circunstancias, trayendo energía a tu vida y cambiando tu estado. Ante una situación externa o interna las emociones son una respuesta neuro-psico-fisiológica y subjetiva. Veamos cómo funcionan.

¿Cómo nace la emoción?

La profesora Carmen García de Leaniz sostiene que existe en ti un mecanismo innato de supervivencia a través del cual realizas una primera valoración de cualquier estímulo que llega a tus sentidos. Este mecanismo hace que te preguntes, casi inconscientemente, cómo afecta esto a tu supervivencia o cómo afecta a tu bienestar, y cuando este mecanismo valora el estímulo, como respuesta a esto sientes una emoción. Es decir, todos tenemos un mecanismo singular que interpreta los estímulos y que los transforma en emociones, y es tanto individual como particular.

La valoración puede ser consciente o inconsciente. Se trata de una interpretación muy rápida y automática. En primer lugar, se hace un análisis y valoración de las características de la situación y los posibles efectos en nuestro bienestar, los que podrían ser: *irrelevante*, *positiva*, *negativa* o *secundaria*.

Si la valoración es *irrelevante*, la situación se evalúa como indiferente, y probablemente no se interpretará con ninguna emoción; si la valoración es *positiva*, se considera como un progreso hacia los objetivos o bienestar y se interpreta con una emoción positiva, como alegría o satisfacción; si la valoración es *negativa*, el estímulo se percibe como un obstáculo o dificultad, y por tanto sería interpretado con una emoción de alerta, como podría ser tristeza o miedo; y finalmente, es posible que se produzca una valoración *secundaria* en donde nos preguntamos si estamos en condiciones de hacer frente a esa situación. Una respuesta afirmativa o negativa condicionará la interpretación emocional.

Lo explicaré de la siguiente forma: en mi edificio había un elevador que presentaba problemas y estuvo mucho tiempo detenido. Cuando lo habilitaron, una vecina tuvo una mala experiencia

y al subir desde el primer piso, el elevador subió abruptamente hasta el último piso, generando un terror en todos los vecinos. Cuando me enteré de esta situación, me predispuse a evitar ese elevador a pesar de que lo habían reparado nuevamente.

Ante una situación externa o interna las emociones son una respuesta neuro-psico-fisiológica y subjetiva

Posteriormente, subí con una amiga que no vive en mi edificio y que no conoce los problemas de este elevador. Una vez dentro, subimos y el elevador se movió un poco; sin embargo, este pequeño movimiento generó un gran temor en mí, pero mi amiga no sintió absolutamente nada.

Tanto mi amiga como yo tuvimos el mismo estímulo (el pequeño movimiento del elevador), pero nuestro mecanismo de interpretación de estímulos estaba alimentado de distinta forma, dado que yo sabía los problemas del elevador, por lo que ese pequeño estímulo significó que mi sistema de interpretación lo calificara como un peligro y por ende generó una emoción: el temor. Como mi amiga desconocía los problemas, ese estímulo no generó ninguna emoción en ella. Entonces, los mismos estímulos pueden producir distintas emociones, dependiendo de la percepción de peligro o bienestar que una persona pueda experimentar.

En resumen, hemos comprendido que este mecanismo interpreta nuestros estímulos, y del análisis que este haga dependerá la cualidad y la intensidad de la emoción evocada. Como consecuencia, se producirá una apreciación subjetiva, cambios en la activación fisiológica y movilización de comportamiento.

¿Qué ocurre después de que percibimos la emoción?

Recibir una emoción o mensaje emocional es un indicador de un cambio interno. Cuando se produce ese cambio puedes actuar escogiendo aquella respuesta que quieras dar, y a este proceso en donde observas, paras, eliges y actúas se lo llama *conciencia*. Esto es tremendamente relevante y debes tenerlo muy presente, porque al momento de recibir una emoción habrá un espacio en el cual puedes escoger la respuesta que quieras dar.

> Entre el estímulo y la reacción hay un espacio de tiempo o silencio que nos permite actuar con conciencia

¡No hay excusas! No puedes dejarte llevar por un proceso emocional como si este se apoderara de ti, tú puedes hacer un *stop* y evaluar si tu respuesta será negativa o positiva, es decir, la emoción no es la que produce una respuesta o acción sino que eres tú la que define la respuesta o la acción después de recibir una emoción. Es tan rápido el proceso que a veces pensamos que es la emoción la que actúa por nosotras, pero en realidad es la conciencia la que define la reacción a la emoción.

Cuando estaba formándome en inteligencia emocional, Olga Cañizares nos ofreció una perspectiva de la conciencia que, si la aplicamos, se transformará en una excelente herramienta para ayudarnos a saber cómo responder.

Para entender este proceso, es necesario conocer el significado de la palabra *conciencia*, que es *el conocimiento moral de lo que está bien o mal.* No confundir con la palabra *consciencia*, que lleva una s intermedia y que es la capacidad del ser humano para percibir la realidad y reconocerse en ella.

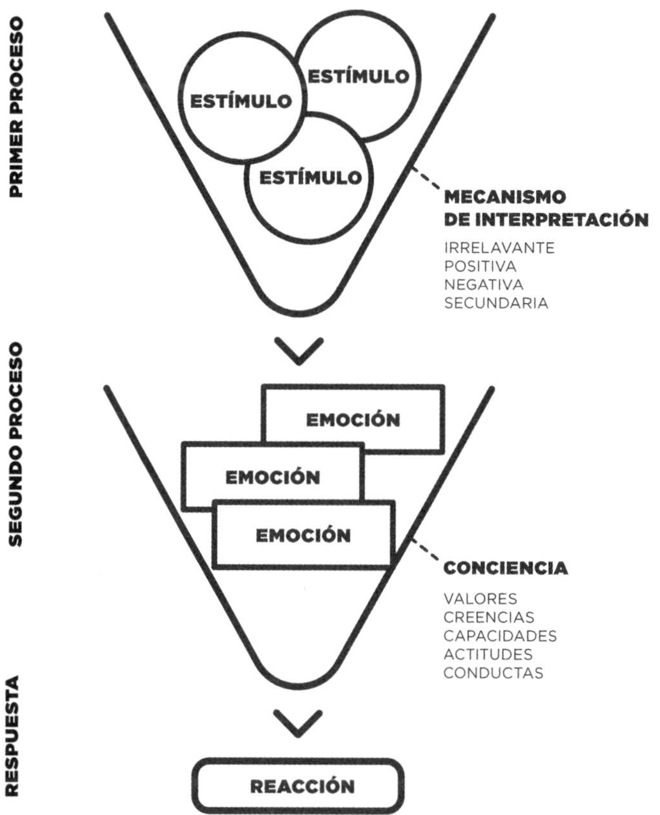

Este esquema nos muestra que entre lo que acaba de suceder (estímulos) y la reacción o respuesta de la persona, ocurren dos procesos: el primero comienza cuando recibimos un estímulo interno o externo, que nuestro mecanismo de interpretación analiza en términos de cuán relevante puede ser el efecto en nuestra supervivencia o bienestar (y como resultado genera las emociones), y el segundo comienza cuando recibimos esa emoción y la procesamos por nuestra conciencia, la que finalmente determina nuestra respuesta o reacción. Estos dos procesos ocurren en fracciones de segundo y casi de manera inconsciente; sin embargo, entre el estímulo y la reacción hay un espacio de tiempo o silencio que nos permite actuar con conciencia. La capacidad de parar, observar y sacarle partido al silencio se llevará a cabo cuando lo ejercites, y así podrás vivir de manera consciente.

Mucho cuidado con lo que escoges

Las palabras que salieron de la boca de la serpiente fueron un estímulo que apeló a una de las necesidades más básicas del ser humano: la independencia

En la Biblia encontramos muchos ejemplos de acciones humanas y expresiones emocionales, pero cuando de escoger se trata, el mejor ejemplo está en el jardín del Edén cuando la serpiente, siendo instrumento de tentación, le ofrece a aquella pareja un mejor destino del que «Dios les habría podido dar».

Las palabras que salieron de la boca de la serpiente fueron un estímulo que apeló a las necesidades más básicas del ser humano: desarrollarse en todas sus capacidades, el sustento y ese deseo de controlar su destino sin tener que depender de un ser superior (Dios). En pocas palabras, la independecia.

¡Mentira! —silbó la serpiente—. ¡No morirán! Lo que pasa es que Dios sabe que, cuando ustedes coman del fruto de ese árbol, obtendrán todo el conocimiento, pues podrán conocer el bien y el mal. ¡Ese día ustedes serán como Dios! (Génesis 3:4-5)

Observa aquí un detalle importante: la mujer no cedió inicialmente ante la tentación, ella cedió después de un proceso de evaluación interno y externo que finalmente la llevó a concluir que el fruto del árbol era bueno, apetecible, codiciable.

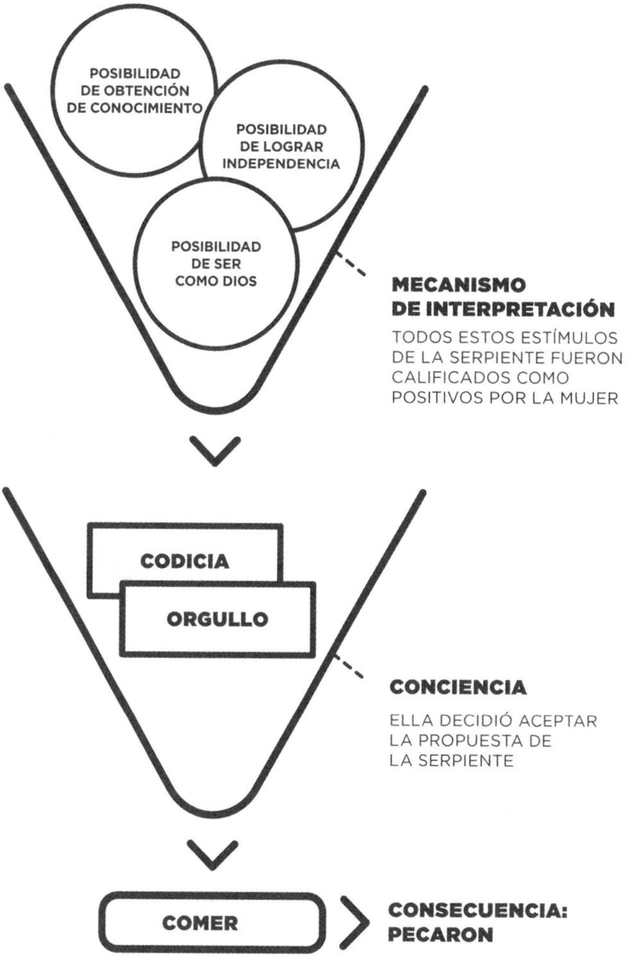

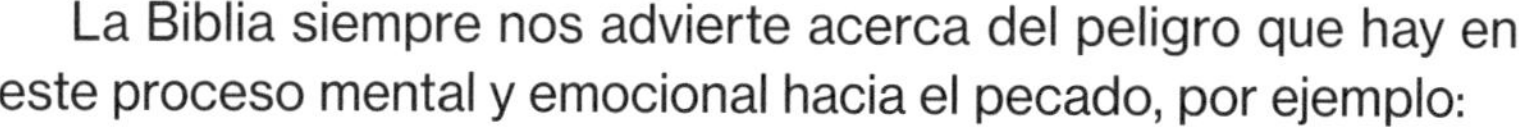

La Biblia siempre nos advierte acerca del peligro que hay en este proceso mental y emocional hacia el pecado, por ejemplo:

[...] Todo lo contrario, cada uno es tentado cuando sus propios malos deseos lo arrastran y seducen. (Santiago 1:14)

Finalmente, tanto el hombre como la mujer comieron del fruto. Ellos escogieron desobedecer.

Estar atenta y tomar conciencia es lo que marcará la diferencia entre una buena y mala decisión

Considera este ejemplo como una gran oportunidad de aprendizaje que Dios está dándote, ya que cada día enfrentarás situaciones que te llevarán a escoger. Generalmente nuestra mirada está más fija en aquellas cosas que son visibles y más perceptibles, pero ¿qué pasa con tu interior? Dios conoce todo y sabe perfectamente lo que ocurre contigo cuando algo activa tus emociones, y está ahí presente cuando tienes que escoger. Entonces, estar atenta y tomar conciencia es lo que marcará la diferencia entre una buena y mala decisión.

Reorganiza tu mundo de manera consciente

Existe una secuencia que puede ayudarte para que actúes con conciencia y le saques un mayor partido a aquellos momentos de silencio.

- **Observa:** *esto te permitirá pensar, considerando las situaciones con mayor detenimiento y cuidado.*

- **Busca:** *en tus experiencias y todos los recursos que tengas.*

- **Selecciona:** *entre todos los archivos que tengas (tanto racionales como emocionales) puedes clasificar y distinguir.*

- **Escoge:** *cuando hayas distinguido o clasificado, puedes escoger una de las opciones.*

- **Actúa:** *este es el momento en que pones en funcionamiento lo que escogiste y le das la posibilidad de que se manifieste.*

Esta secuencia puede ayudarte para que estés más atenta a lo que va generándose en ti, ya que las emociones te exponen a una situación para que la razón la resuelva. Pero lo más importante es que tienes al Espíritu Santo, que te alertará y guiará por el camino seguro, para que cada emoción y sensación sean controladas por él. Recuerda que estás entendiendo y conociendo las emociones para que sean gobernadas por el Espíritu de Dios.

Generalmente se motiva a las personas a que se conozcan a sí mismas para que de esa manera sean las protagonistas de su vida, pero lo que yo quiero hacer por medio de este libro es transmitirte lo necesario que es rendir tu vida a Cristo —incluyendo tus emociones— para que sea él quien tome las riendas de tu vida y te direccione al destino que definió para ti.

Emociones y sentimientos... ¿son lo mismo?

Existen niveles de respuesta emocional; el que hemos visto hasta ahora es el primer nivel (la emoción), pero hay un segundo nivel que es el de los *sentimientos*. Las emociones conectan el presente con el pasado y el futuro: lo que sientes hoy tiene que ver con tu pasado, pero también puede proyectarte hacia tu futuro, y es por eso que cuando vienen recuerdos a tu mente siguen provocando algo, no con la misma intensidad, pero sí te hacen sentir una emoción.

Todo lo que verás a continuación está basado en seis emociones básicas que son: la *alegría*, el *miedo*, el *enfado* o *enojo*, la *tristeza*, el *asco* y la *sorpresa*. Cada una de ellas te da una información y te avisa de algo.

La *alegría* te habla sobre algo que has conseguido, un logro.

La *tristeza* te habla sobre algo que has perdido. Sería útil que cuando te sientas triste puedas preguntarte a ti misma qué es lo que estás perdiendo.

El *miedo* es aquel que tiene la capacidad de paralizarte impidiendo que avances. Cuando se aprende a gestionarlo y leerlo, se convierte en una oportunidad, porque cuando sientes esta emoción, lo que está advirtiéndote es que te faltan recursos para abordar aquella situación que tienes por delante.

Para que lo entiendas mejor, lo ejemplificaré de la siguiente manera. Supongamos que delante de ti está parado el miedo, impidiendo que avances, pero si de lo que está advirtiéndote es de que no tienes recursos, lo que debes hacer es girar para buscar esos recursos, y el miedo desaparecerá cuando ya no tenga información para entregarte. Entonces, cuando sientas que el miedo está delante, la pregunta que deberías hacerte es *¿Qué es lo que necesito?* Para abordar de la mejor manera esta situación, en los próximos capítulos profundizaré sobre esto.

El *asco* nos alerta de rechazo. Cuando experimentamos esto no solo es una emoción física –que puede producirse por una comida, por un olor, etc.–, sino que te avisa que dentro de ti está sucediendo un conflicto de valores: hay situaciones que chocan con nuestros valores, y uno puede optar por no hacer aparecer esta emoción. El asco llevado a carga emocional (de la cual hablaré un poco más adelante), si es muy intenso o se mantiene en el tiempo, terminará convirtiéndose en intolerancia, y esta es la causa del racismo, la xenofobia y otros problemas que podemos ver en nuestra sociedad.

La *sorpresa* nos avisa que algo nuevo acaba de suceder, y el *enfado*, que suele ser bastante común, lo que nos dice es que están sobrepasándose tus límites cuando sientes que vulneran tus derechos o necesidades.

El mayor desafío es que, cuando llegue la emoción, puedas aprender a leerla y preguntarle: «¿Qué estás queriendo decirme?».

Como dije anteriormente, cuando una emoción se mantiene en el tiempo o se eleva en intensidad, esta se convierte en *carga emocional*. La carga emocional del miedo es el terror, de la tristeza es la depresión, de la alegría es la euforia. Cuando existe una carga emocional –aunque sea la euforia–, en ese momento no debe

tomarse ninguna decisión. Imagina lo que significa tomar una decisión basada en la euforia: gastar dinero en algo que no necesitabas, hacer algún compromiso olvidando que no tenías tiempo para eso, etc.; es decir, cosas que luego lo podrías lamentar.

Es importante que sepas esto: también hay que aprender a gestionar las cargas emocionales, de lo contrario, la emoción podría estar viviendo y hablando por ti. Si eres capaz de reconocerla y entenderla, puedes cambiar de dirección como en el ejemplo que di anteriormente con el miedo; buscar los recursos, vivir la pérdida, y de esa manera la emoción no vivirá por ti, sino que estará a tu servicio.

Una carga emocional de enfado se transforma en ira, y esta muchas veces se acumula porque el enfado es muy seductor, ya que te lleva a justificar y a argumentar, y sin embargo puede acumularse y transformarse en ira; el asco se transforma en intolerancia y la sorpresa en asombro.

¿Y qué pasa con mis sentimientos?

Los sentimientos están en el segundo nivel y hay mucho debate y conceptos confusos de la diferencia entre este y la emoción. Pero, en términos generales ¿cuál es la diferencia? ¡Tu pensamiento!

Los sentimientos están vinculados a la percepción de las emociones a través de la mente. En cuanto al tiempo, si las emociones son momentáneas, los sentimientos son un estado emocional que permanece por más tiempo. Los sentimientos son nuestra interpretación de las emociones.

Cuando a una emoción le aplicas un pensamiento, estás construyendo un sentimiento.

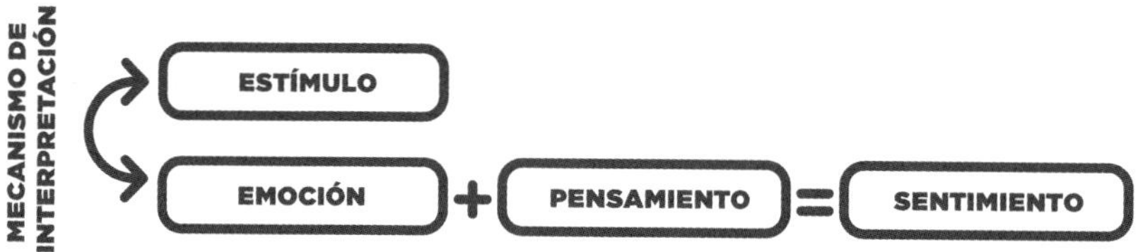

Las emociones pueden regularse de manera más fácil con recursos corporales, los sentimientos piden estrategias más racionales

Tus emociones estarán ahí para darte información; a tus sentimientos tienes que construirlos, preguntándote cómo o qué quieres sentir. Eso dependerá de lo que piensas.

Te daré un ejemplo para que quede más claro de cómo construimos un sentimiento de frustración ante una situación en la que no se ha alcanzado un objetivo. Después de reprobar un examen pueden aparecer varias emociones: el enojo porque no lograste el objetivo, la tristeza porque perdiste esa oportunidad, o quizás el miedo por la falta de recursos para volver a darlo. Si a cualquiera de estas emociones le agregas pensamientos de fracaso, incapacidad e impotencia, estarás construyendo un sentimiento de frustración. En cambio, si a pesar de no haber aprobado reflexionas en lo que has aprendido o en lo que necesitas para aprobar la próxima vez, el sentimiento que se producirá será de aprendizaje, de desafío.

Otro ejemplo claro es cuando viene el sentimiento de decepción. Si una persona no cumplió con las expectativas que tú tenías de ella, cuando llega la emoción de la sorpresa inmediatamente se le suma la del enfado, y si a esto le añades pensamiento de críticas y juicios, dando un valor negativo a la situación, construirás un sentimiento de decepción.

¿Cómo podrías solucionarlo? Esto se soluciona en el mismo momento en el que te das cuenta de que la persona hizo algo que no esperabas e inmediatamente decides decírselo; de esa manera, le haces saber lo que pensabas y esperabas, y así construirás un sentimiento diferente que será beneficioso y de aprendizaje. Es interesante que la solución la vemos en la palabra de Dios (revisa los pasajes de Mateo 18:15-20 y Efesios 4:25-27 y distingue cuál debería ser nuestra manera de solucionar conflictos entre hermanos).

A veces tenemos emociones (enfado, miedo, alegría) y no sabemos asociarlas a un sentimiento. Necesitamos conocer la conexión entre emoción y sentimiento para tener mayor conciencia de lo que está pasándonos y de los sentimientos que generamos a partir de nuestras emociones.

A modo de resumen podría decirte que las emociones pueden regularse de manera más fácil con recursos corporales, mientras que los sentimientos piden estrategias más racionales.

Para reflexionar

Tener un momento de reflexión después de la lectura te ayudará a comprender de mejor manera lo leído. Abre tu corazón para que Dios te examine; ora y medita en los textos que leíste.

Recuerda alguna reacción de la que te hayas arrepentido e intenta reflexionar sobre cuáles fueron los estímulos que recibiste y por qué tu conciencia te llevó a reaccionar de la manera en que lo hiciste. Luego, reflexiona sobre cómo deberías haber reaccionado y por qué.

Haz una lista de los pensamientos que predominan en ti y que pueden transformar o han transformado emociones en sentimientos (por ejemplo: fracaso, incapacidad, impotencia, críticas, prejuicios, etc.).

Descarga en **www.e625.com/extras** la *Guía de Trabajo Grupal* correspondiente a este capítulo.

CAPÍTULO 4

SABIDURÍA E INTELIGENCIA PARA NUESTRAS EMOCIONES

Adquiere sabiduría e inteligencia, no la olvides ni te apartes de ellas. (Proverbios 4:5)

La inteligencia es la facultad de aprender, entender, razonar, saber y resolver problemas. Podríamos decir que está relacionada o se asemeja a conceptos como el entendimiento y el intelecto, y es la capacidad de corresponder de la mejor manera posible a las exigencias del mundo exterior. Una persona que es inteligente tiene la capacidad de entender, de pensar y manejar información.

El funcionamiento del cerebro humano es uno de los grandes misterios de la humanidad, y no pretendo que descifremos todos esos misterios para gestionar nuestras emociones; sin embargo, necesitamos entender que el funcionamiento intelectual y emocional están estrechamente relacionados. Hay una gran necesidad de aprender a desarrollar nuestras emociones de manera inteligente.

La Biblia está llena de consejos sabios que nos ayudarán a desarrollar una vida plena y sana (y eso no deja afuera a nuestras emociones) y nos insta a buscar sabiduría e inteligencia, y al encontrarla, no debemos olvidarla ni apartarnos de ella. En una noche en la que estaba soñando, a Salomón se le apareció Jehová y le dijo: «Pide lo que quieras que yo te lo daré». ¿Te imaginas en esa situación? Si Dios se presentara ante ti y te hiciera esa pregunta, ¿cuál sería tu petición? Piensa en la respuesta de manera sincera. Es probable que los anhelos que hay en tu corazón sean valiosos, pero probablemente ninguno de ellos se acerca a la petición de Salomón.

Después de reconocer la fidelidad que Dios había tenido con su padre David durante toda su vida, Salomón agradece esta honra de ocupar el trono de su padre, reconociendo que era como un niño pequeño que no sabía por dónde ir, y le hizo la siguiente petición:

Dame sabiduría, para poder gobernar bien a tu pueblo y para tener un buen discernimiento de lo que es bueno o es malo. [...] (1 Reyes 3:9)

Este hombre no pidió riquezas, salud ni larga vida, no pidió una carrera, una nueva casa ni fama: lo que pidió fue sabiduría para gobernar a un pueblo y discernimiento de lo que era bueno y malo. Él estaba consciente de que necesitaría una ayuda de lo alto para llevar a cabo todas sus responsabilidades y para actuar de la manera que agradara a Dios, contrario a lo que muchas veces hacemos nosotras, ya que nos dejamos guiar por nuestro corazón y por nuestra propia prudencia, algo que está lejos del corazón del Padre.

La Palabra nos muestra la respuesta a aquella petición: Dios, al escuchar que esa petición no estaba centrada en la persona de Salomón sino en el profundo deseo de ser sabio e inteligente en las responsabilidades con su pueblo, le concede lo pedido y mucho más.

Yo te daré lo que has pedido. Te daré una sabiduría como la que nadie ha tenido antes ni tendrá después. (1 Reyes 3:12)

¡Qué maravilloso! Todo lo que necesitamos podemos encontrarlo en la palabra de Dios. En ocasiones, nuestro caminar está tan lleno de independencia que, a la hora de querer lidiar con conflictos internos, pensamos que podremos resolverlos por nuestra propia cuenta; esto no es así, ya que necesitamos de aquella gracia que solo Cristo puede brindarnos, porque nada es por nuestra fuerza, todo es por él y para él.

¿Necesitas sabiduría e inteligencia para guiar tus emociones? Quizás es tiempo de que hagas una petición como la de Salomón, consciente de que no puedes sola; pide esa sabiduría que viene del cielo para guiar tus emociones y sentimientos de acuerdo con la voluntad de Dios. Si lo haces con un corazón sincero, la respuesta llegará, de eso no hay duda alguna.

Es mejor obtener sabiduría que oro; es mejor adquirir inteligencia que plata. (Proverbios 16:16)

Nosolonecesitascomprender y entender lo que sientes, necesitas administrar de manera inteligente tus emociones.

En la vida se nos enseñan modales, hábitos y valores, se nos transmiten conocimientos de matemáticas, lengua o historia, las escuelas preparan a los alumnos para el intelecto o profesiones, pero nadie nos enseña que seamos conscientes de todo aquello que nuestras emociones iluminan y ensombrecen. No hay una enseñanza dirigida para que sepan qué hacer frente a las frustraciones y los pensamientos de tristeza. A lo largo de la vida nadie nos enseña cómo manejarlas, cómo cambiarlas o aprenderlas.

> ¿Necesitas sabiduría e inteligencia para guiar tus emociones? Es tiempo de que hagas una petición como la de Salomón

Vivimos en una sociedad que no nos educa para ser personas emocionalmente inteligentes. (Daniel Goleman)

Es verdad, no hay educación emocional, pero aun así nunca es tarde para aprender, y Dios, por medio de su Palabra, quiere enseñarte, instruirte y sumergirse en tu vida para transformar todo tu ser.

Y a pesar de que estamos en tiempos de tanta indiferencia, donde las personas parecen automóviles de alta velocidad moviéndose de un lado para otro, sin entender que aquella velocidad puede llevarlos a la muerte, siguen sumergidos en la autosuficiencia y en la libertad de decidir por sus propios antojos y voluntad. Se sienten y actúan como se les da la gana, sin importar las reglas, autoridades o quien esté por sobre ellos; basta con sentir y expresar lo que sientes, lo demás no importa, lo demás no cuenta. Este estado social nos ha traído como consecuencia que tengamos una generación llena de traumas, resentimientos y complejos que son producto de sus propios miedos, temores causados por sí mismos, por sus padres y maestros, los medios de comunicación, la sociedad, etc. No hay un interés por apartarse del mal, solo hay un interés por experimentar, por vivir el momento y expresar lo que sienten, sin importar el cómo se sienten o qué es lo que sienten, ni mucho menos si afectan a otras personas con su manera de actuar. En conclusión, este tipo de personas no busca la sabiduría ni el apartarse del mal.

Si a alguno de ustedes le falta sabiduría, pídasela a Dios. Él se la dará, porque Dios da a todos en abundancia sin hacer ningún reproche. (Santiago 1:5)

Esta sabiduría va más allá de cualquier conocimiento, más allá de cualquier conquista; es el uso correcto de nuestras oportunidades en la vida santa. En pocas palabras, actuar y vivir como Cristo.

Si crees que todo lo que has visto hasta aquí es demasiado como para entenderlo o aplicarlo, estás equivocada; anímate a avanzar, a comenzar de nuevo y sacar de tu vida todo aquello que quiera hacerte tropezar, queriendo evitar que seas emocionalmente saludable. El Señor concederá sabiduría, ya que de su boca proviene todo cuanto necesitas saber.

La higiene mental es necesaria

Quiero hacerte una pregunta: ¿podrías convivir con una persona que no se preocupa por su higiene personal? De manera más simple, ¿convivirías con una persona que no se baña ni cepilla sus dientes? Todavía recuerdo una vez que estaba en una estación de tren y de pronto llegó un hombre que se detuvo a mi lado con un olor espantoso; inmediatamente uno podía percibir que ese mal olor no era de un día sino de bastante tiempo, porque era insoportable. Fue muy incómodo para mí, y tuve que retirarme de aquel lugar.

La verdad es que creo que la mayoría de las personas no logramos convivir con alguien que no procura tener una buena higiene, ¿cierto? Y si la higiene del cuerpo es cosa de salud y hasta de convivencia, de la misma forma, si no tenemos una buena higiene emocional será desagradable para los demás convivir con nosotras. La falta de higiene emocional es la razón de por qué hay tanta intolerancia en la sociedad.

> Si no tenemos una buena higiene emocional será desagradable para los demás convivir con nosotras

Realizarse una *higiene mental* es deshacernos de toda la basura que vamos acumulando, pensamientos que van quedando por ahí a lo largo de la vida y que solo nos llevan a adentrarnos en estados explosivos. Aquellos en donde nos destruimos a nosotras mismas o a quienes están a nuestro alrededor. Frente a ello hay una cosa que es cierta: si no hacemos nada habrá destrucción.

Por eso, también nosotros, que estamos rodeados de tantos testigos, dejemos a un lado lo que nos estorba, en especial el pecado que nos molesta, y corramos con paciencia la carrera que tenemos por delante. (Hebreos 12:1)

Para correr esta carrera necesitamos sentirnos livianas, sin pesos que nos causen desgaste y agotamiento, y de ahí la necesidad de despojarnos y dejar a un lado todo aquello que es estorbo, todo aquello que es molesto para correr sin desmayar. Debemos despojarnos de todo peso que nos hará más lentas; no importa qué tan inocentes sean estos, pero así como un corredor se despoja de ropas que estorban, nosotras debemos quitarnos de encima el peso y el pecado que nos rodea constantemente. Nota que hay dos elementos que debemos quitarnos: el *peso* y el *pecado*. El peso es todo aquello que te condiciona a pecar: tal vez leer una novela sensual no sea pecado en sí misma, sin embargo te genera un peso que te condiciona a caer en lujuria. No debemos despojarnos solo del pecado, también debemos despojarnos del peso que nos condiciona a tropezar, ya que si no lo hacemos, será una derrota segura.

> No debemos despojarnos solo del pecado, también debemos despojarnos del peso que nos condiciona a tropezar

Como he mencionado, experimentar emociones es algo natural, ya que fuimos creadas de esa manera. Las emociones, al ser creación de Dios, son en sí mismas útiles y buenas, y por eso es importante que entiendas que hay maneras piadosas y formas impiadosas de utilizarlas. Dado que las emociones tienen gran incidencia en el comportamiento, podríamos decir que tienen el poder de ser generadoras de cambios y, en consecuencia, afectan la personalidad para bien o para mal.

Hay ciertos indicadores importantes que nos señalan la necesidad de contar con una inteligencia emocional saludable, sincera y que esté bien desarrollada. Son muchas las personas que se consideran emocionalmente inteligentes, pero continúan teniendo la madurez emocional de un niño pequeño. ¿Qué es lo que falta? ¿Qué áreas deben trabajarse para que de verdad podamos ser más competentes?

Existe un concepto llamado *inteligencia emocional* que fue introducido alrededor de los años '90 por John D. Mayer y Peter Salovey, pero esta idea, concepto y esencia fue popularizada por Daniel Goleman en 1995 en su libro *Inteligencia emocional*.

¿Qué es la inteligencia emocional?

De manera simple, comienza con la conciencia de uno mismo y también con la conciencia social. Es la capacidad de reconocer los sentimientos y emociones propios y ajenos.

Para que podamos guiar de manera inteligente nuestras emociones necesitamos saber qué es lo que estamos sintiendo en el momento en que recibimos un estímulo, cuáles son las emociones que están manifestándose cuando interactuamos con las personas y cómo debemos actuar para llegar al logro de los objetivos acordados de nuestras relaciones y de lo que realmente estemos buscando.

Según Goleman, existen cuatro dimensiones básicas que conforman la inteligencia emocional:

- **Autoconciencia:** la capacidad de entender lo que sentimos y de estar conectados a nuestros valores y esencia.

- **Automotivación:** la habilidad de orientarnos hacia nuestras metas.

- **Empatía:** la capacidad de ponernos en los zapatos de quien tenemos frente a nosotros y sentir lo que sentiría esa persona si es que estuviéramos en esa posición.

- **Habilidades sociales:** la habilidad de gestionar las relaciones sociales. ¿Sabes manejar los conflictos o las diferencias? ¿Te comunicas con efectividad o de modo asertivo? ¿Cómo te relacionas con los demás?

Una persona emocionalmente inteligente es eficaz en cada una de estas áreas, y en caso de no serlo, debe trabajarse en ello. Dominar solo una de ellas no sirve, ya que estas cuatro dimensiones deben caminar juntas.

Hasta aquí he estado compartiendo sobre la autoconciencia, y más adelante desarrollaré un capítulo sobre la empatía.

Cabe señalar que no es fácil definir la inteligencia emocional en su totalidad, pero intentaremos profundizar algunos de estos puntos a fin de identificar si estamos aplicándolos en nuestra vida.

Daniel Goleman le da mucho énfasis a prestar atención al inicio, desarrollo y procesamiento de las emociones y menciona que cuando las emociones no son procesadas de manera adecuada desde la infancia, estas podrían ser un obstáculo para el desarrollo de una vida emocionalmente sana en etapa adulta. También sostiene que si un niño no recibe un buen trato físico, emocional y psicológico, siendo esto algo constante, producirá angustia, inestabilidad emocional, inseguridad, problemas en sus relaciones y un sinfín de complicaciones más. Si no recibe un trato amoroso que lo ayude a superar estas afecciones emocionales no tendrá una consistencia que le permita permanecer en pie, y en el momento en que sea adulto, además de repetir el mismo patrón con quien se relacione, cuando se sienta en situaciones que activen su memoria emocional saldrán a la luz todas sus heridas emocionales y sentimientos distorsionados producto de aquel maltrato de la infancia.

¿Cómo desarrollar la inteligencia emocional?

Ser más empáticas, asertivas y trabajar un poco en lo que se refiere a las habilidades sociales puede ayudar a desarrollar esta competencia, pero hay una variable en esta ecuación que no debe dejarse afuera: la comprensión y la correcta gestión emocional.

Identificando lo que me ocurre a mí y a los demás

Estar motivada, saber comunicar, hablar bien y tener una buena actitud puede estar bien, pero si hay un desencadenante que nos ayudará a optimizar todos estos procesos, ese es la llamada *inteligencia de las emociones*. Si quieres comenzar a desarrollarla, debes considerar lo siguiente:

- Es importante tomar contacto con nuestros propios estados emocionales y saber reconocer y al mismo tiempo etiquetar cada emoción, cada sensación; esto te ayudará en primera instancia a no prohibir o esconder la emoción. Para ello es importante que sientas, aceptes y definas qué pasa contigo. ¿Qué es lo que estoy sintiendo? ¿Es tristeza, enojo, frustración lo que hay detrás?

- Tener habilidad para percibir las realidades emocionales ajenas. Con la expresión, tono de voz, postura, etc., ¿qué es lo que está transmitiéndome la persona que tengo enfrente?

- De manera respetuosa y ajustada debemos expresar sentimientos. Esto debemos tenerlo como una prioridad, ya que si lo hacemos de manera correcta y efectiva nos ayudará a facilitar la comprensión sin perder la consideración.

¿Qué es la gestión emocional?

Me arriesgo a que suene como una tontería, pero no hay emociones buenas o malas, sino que cada una de ellas cumple una finalidad. La piedra angular del bienestar emocional reside en sentir la emoción adecuada en el momento adecuado, y al mismo tiempo regularla de manera apropiada para usarla en nuestro beneficio. Por ejemplo, si te sientes enojada porque sientes que tus derechos fueron vulnerados, una vez que emerge esa emoción debes saber gestionarla, no debes darle la libertad para que haga lo que quiera ni dejarte llevar por ella; debes usarla para tu beneficio. ¿De qué manera? Comprendiéndola y orientándola. Comienza a practicar con las emociones básicas que te expliqué en el capítulo anterior, así podrás ir identificando y desarrollando una correcta gestión.

La piedra angular del bienestar emocional reside en sentir la emoción adecuada en el momento adecuado

El motor que impulsará un pensamiento más saludable es comprender y gestionar las emociones, lo que te ayudará a sentirte libre de obsesiones, pensamientos repetitivos e ideas negativas. Cuando hay una correcta regulación, tu estado emocional se mantendrá más en calma y tu mente será capaz de orientarte hacia comportamientos más acertados.

¿Debemos desechar la herramienta de la inteligencia emocional? No, por ningún motivo, ya que las competencias de la inteligencia emocional nos ayudarán a entender cómo funcionan nuestras emociones. La inteligencia emocional desarrollada por Goleman y otros autores no tiene en sí misma el potencial de cambio que encontramos en Cristo, sin embargo es una gran ayuda para el autoconocimiento.

Lo interesante de todo esto es que en la Biblia existe gran sabiduría e inteligencia emocional. Si prestamos atención, encontraremos muchos hombres y mujeres que se vieron enfrentados a momentos en que llevaron sus emociones hasta el límite, y a pesar de que en el momento no entendían del todo lo que pasaba, Dios derramó de su inmensa gracia para que cada uno de ellos encontrara la salida alcanzando la victoria. Como hijas de Dios podemos tener una vida emocional redimida y transformada, una que imite a la vida emocional de Jesucristo, y el poder y la gracia del Espíritu Santo son la clave para este proceso. En términos bíblicos, la gestión emocional sería lo que la Palabra menciona como *dominio propio*, fruto del Espíritu.

> *En cambio, este es el fruto que el Espíritu produce en nosotros: amor, gozo, paz, paciencia, benignidad, bondad, fidelidad, humildad y dominio propio. No hay ley que condene estas cosas.* (Gálatas 5:22-23)

> *El Espíritu que es don de Dios, no quiere que temamos a la gente, sino que tengamos fortaleza, amor y dominio propio.* (2 Timoteo 1:7)

Emociones puestas a prueba

Movernos de manera inteligente en el mundo emocional puede parecer tedioso y desgastante, porque comúnmente deseamos que las cosas sucedan como por un acto de magia, anhelando que ese momento en que sientes esa pesadez interna, agitación o alteración pueda pasar en un abrir y cerrar de ojos, al punto de que todo cambie sin hacer el menor esfuerzo.

Es verdad que debemos aprender a conocernos, anhelar con todo nuestro corazón enfrentar esos momentos intensos, duros y dolorosos con sabiduría e inteligencia, pero la Palabra nos enseña que en los momentos de debilidad debemos bastarnos en la gracia del Señor; su amor y el deseo de obedecerlo deben bastarnos para seguir y no desmayar.

[...] "Debe bastarte mi amor. Mi poder se manifiesta más cuando la gente es débil". (2 Corintios 12:9)

Pablo, en un momento de aflicción al llevar una espina en su carne, elevó un ruego delante del Señor para que lo liberara de aquella situación. Sin embargo, aun sintiendo ese dolor físico que lo llevaba a experimentar las emociones más intensas, se acercó a Dios suplicando pero a la vez entendiendo que sus oraciones no siempre serían contestadas de acuerdo a sus deseos humanos. Dios quería manifestar su poder en una dependencia total de Pablo.

Este hombre había tenido que enfrentar muchas ofensas, soportó malos tratos por parte de sus enemigos, escasez, persecuciones, angustias, cárcel. Sin embargo, todo esto lo soportó alegremente por causa de Cristo, algo totalmente distinto de lo que vemos en nuestros tiempos, donde se predica un evangelio de prosperidad en el que la persona es el centro de todo y pareciera que Dios está al servicio del ser humano para resolverle sus problemas. Esto es un error, ya que en el mundo tendremos aflicciones y problemas; las promesas de Dios no nos eximen de las dificultades, sino que nos garantizan que cuando pasemos por el fuego no nos quemaremos porque él estará con nosotros.

En el momento de la prueba, Pablo no fue emocional ni se dejó guiar por sus emociones que estaban clamando por libertad. Con todo lo que sentía, confió en el Dios al cual servía y actuó de la manera correcta, con sabiduría.

Cuando nos vemos sobrepasadas por las circunstancias, parece que se nos olvida quién es nuestro Padre y cuál es el Dios al que servimos. Con las emociones a flor de piel enfrentamos el día a día como si estuviéramos solas en este mundo, pero recuerda que no estamos solas, que no estás sola...

José es otro ejemplo de alguien que enfrentó situaciones extremas, en donde sus emociones fueron puestas a prueba. De este joven que fue criado con todo el amor de su padre, la Biblia menciona que era su favorito, motivo por el cual sus hermanos lo envidiaban al punto de venderlo a unos comerciantes, que a su vez volvieron a venderlo, llegando así a trabajar con Potifar, un funcionario del faraón. Inmediatamente, Dios comenzó a bendecir a Potifar por amor a José: todos los asuntos de su hacienda comenzaron a prosperar, sus cosechas aumentaron y se multiplicó su ganado (Génesis 39:5).

A pesar de todo lo vivido, la actitud de José agradó a Dios; comenzó a trabajar para Potifar y todo lo que hacía le salía bien, algo que no pasó desapercibido. Es por esta razón que Potifar decidió nombrarlo mayordomo de toda su casa y administrador de sus bienes.

¿Cuán decepcionado y angustiado pudo haberse sentido José? La Biblia no nos cuenta de sus emociones o angustias, pero sí podemos ver que frente a cada adversidad y desafío que tuvo por delante actuó con sabiduría, guiado por el Señor que estaba con él porque lo amaba.

Fue un hombre que experimentó muchas emociones, pero aun con todo eso agradó al Señor. Ahora te pregunto: ¿cuál es tu actitud frente a las circunstancias que te inquietan? ¿Cómo enfrentas tus miedos? ¿Cómo reaccionas cuando sufres injusticia? ¿Cómo enfrentas aquellos momentos de soledad o frustración, cuando estás invadida de sentimientos que te nublan la razón impidiéndote ver aquella salida que Dios te pone por delante? Bueno, Jesús te dice: «Bástate mi gracia». Su gracia te capacitará para enfrentar los dolores, te guiará en los momentos de enojo, y cuando la tristeza toque a tu puerta él estará ahí llenándote de su gracia para que puedas avanzar sin importar cuáles sean las circunstancias.

El «bástate mi gracia» implica que hagas una declaración de rendición. ¡Ríndete! Deja de luchar con tus propias fuerzas, deja de usar estrategias humanas o métodos intelectuales y ríndete al señorío de Cristo. Mientras más débil seas, mayor será la gracia de Dios sobre tu vida.

Lo maravilloso de esto es que nuestro Dios da nuevas oportunidades, y aunque hayas experimentado situaciones que te marcaron porque no reaccionaste correctamente, es tiempo de cambiar, es tiempo de dejarte guiar, tiempo de arrepentimiento y de comenzar a actuar con la sabiduría de Dios.

Querida amiga, oro para que tu vida sea guiada por la voluntad de Dios, oro para que tu corazón, tus emociones, acciones, pensamientos y todo tu ser sean gobernados por Cristo; oro para que adquieras sabiduría e inteligencia, para que puedas dar gloria a Dios con tus emociones.

Sigamos en este viaje...

Para reflexionar

Separa un tiempo con Dios para que puedas meditar sobre este capítulo, orando para que el Señor examine tu corazón.

- Etiqueta tus emociones. Reflexiona sobre ti y enumera las emociones más recurrentes en tu vida.

- ¿Qué tan empática eres? ¿Podrías escribir algunas líneas sobre cuán habitualmente te pones en los zapatos de los demás?

- Ponte en el caso de José. ¿Qué emociones crees que hubieras sentido? ¿Cómo crees que hubieras reaccionado?

- Decide buscar la sabiduría ante todo y no te dejes guiar por la emoción, déjate guiar por Su Espíritu.

Descarga en ***www.e625.com/extras*** la *Guía de Trabajo Grupal* correspondiente a este capítulo.

CAPÍTULO 5

GESTIÓN EMOCIONAL: APRENDAMOS A SER GOBERNADAS POR EL ESPÍRITU DE DIOS

No sigas tu corazón. Dios no diseñó nuestros corazones para ser seguidos, sino para ser guiados. (John Piper)

Las emociones son temporales, ¡qué alivio saber esto! Pero también dependerá mucho de ti y de cuánto lugar quieras darles, y esto es parte de la gestión. Reconocer que las emociones son pasajeras nos ayudará a comprender que no son una buena brújula a la hora de querer tomar una decisión.

Para nadie es un secreto que nosotras las mujeres tendemos a ser dominadas por nuestras emociones, y como vimos con anterioridad, al pasar por los diferentes estados hormonales (sin haber mencionado el embarazo, la menopausia y las enfermedades) eso repercute en nuestro diario vivir. Con la ayuda de Dios tenemos que aprender a gestionarlas.

Las emociones son temporales, son una respuesta a algo, no son permanentes, aunque haya períodos en nuestras vidas en que

Reconocer que las emociones son pasajeras nos ayudará a comprender que no son una buena brújula a la hora de querer tomar una decisión pareciera que las emociones se hacen fiesta con nosotras, por decirlo así. Pero como hijas de Dios no tenemos excusas para dejarnos controlar por ellas; dejarnos gobernar por nuestras emociones será nocivo para nuestra vida y la de quienes nos rodean, de ahí la urgencia por gestionarlas de acuerdo con la palabra de Dios. Su consejo y sus promesas deben ser protagonistas en nuestra vida, deben invadir nuestra mente y no permitir que las circunstancias del momento o cómo nos sintamos sean nuestra brújula.

Hasta ahora hemos aprendido que las emociones fueron creadas por Dios y son una excelente herramienta de alerta, y también que las emociones son la respuesta que da nuestro mecanismo de supervivencia ante estímulos internos o externos, para luego estas emociones ser procesadas internamente y dar lugar a una respuesta o reacción.

En el capítulo anterior estudiamos sobre la necesidad de aplicar inteligencia en nuestra área emocional. Ahora, abordaré la necesidad de gestionar nuestras emociones a fin de que estén a nuestro beneficio y no nos gobiernen.

¿Por qué gestionar nuestras emociones?

Nuestro corazón no debe ser la brújula que nos oriente a la hora de tomar el camino correcto; su función no es guiarnos, sino que fue creado y diseñado para creer en Dios. Tanto tú como yo tenemos alguna historia que contar respecto a decisiones o direcciones que tomamos guiadas por el corazón (debo reconocer

que las veces que dejé que mi corazón tomara el control de mi vida me llevó a serios problemas).

Dentro de cada una de nosotras hay un lugar al que podríamos llamar «hogar emocional», un lugar donde habitan las emociones básicas como el enojo, la alegría, el miedo, la tristeza y el asco, que son imprescindibles para nuestra subsistencia. Así como la casa en la que vivimos necesita de una mantención y una limpieza diarias, nuestra casa emocional debe tener el mismo cuidado, debe estar abierta, ventilada, limpia, lista y preparada para aquellas emociones que aún no han llegado pero que con certeza nos visitarán. Cuando estas visitas lleguen, las atenderemos y luego partirán.

De manera rápida es muy fácil decir que nos conocemos a nosotras mismas, que tenemos claridad de aquellas cosas que nos gustan, afectan o incomodan, situaciones que evitamos y que nos hacen sentir temor y molestia; aparentemente es fácil identificarnos a nosotras mismas, pero cuando estamos enfrentando alguna situación que nos afecta profundamente podemos llegar incluso a desconocernos por completo.

Hay un dicho popular que dice que los momentos difíciles revelan lo mejor y lo peor de ti. ¡Cuánta verdad hay en estas palabras! Personalmente me he visto enfrentando situaciones en las cuales me he desconocido a mí misma, y eso duele, porque siempre ante una situación adversa o incómoda tendremos dos opciones: o nos dejamos guiar por lo que sentimos de acuerdo a nuestra voluntad, o

> Así como la casa necesita de una mantención y una limpieza diarias, nuestra casa emocional debe tener el mismo cuidado

dejamos que sea el Espíritu de Dios quien nos guíe. Lo cierto es que el Espíritu Santo siempre estará alertándonos y señalizándonos la verdad, pero somos nosotras las que finalmente definiremos qué hacer.

Cuando hablamos de gestión emocional podemos encontrar distintas opiniones y herramientas de afrontamiento; sin embargo, mi propuesta tiene que ver con el título de este libro, es decir, que nuestras emociones estén sujetas a Dios. Por tanto, todo el plan que desarrollaremos a continuación tiene que ver con someter a Dios nuestras emociones.

Plan de gestión emocional

El plan de gestión emocional es la ruta predefinida de acción que tomaremos frente a las emociones que sintamos. La capacidad de gestionar las emociones supone tomar conciencia entre la cognición (percepción), el comportamiento y la emoción.

La gestión emocional será distinta de una persona a otra, dado que obedece a un aprendizaje individual en donde una va adquiriendo herramientas a través de las experiencias que va viviendo. En este sentido, plantearé un plan inicial de gestión emocional, que podrá ir adaptándose a las necesidades individuales y al proceso de madurez en Cristo de cada persona.

El proceso de gestión emocional comenzará tan pronto como sintamos una emoción. Veamos cada uno de estos pasos:

Identificar la emoción

El primer paso para gestionar las emociones es identificarlas. Uno de los beneficios de identificar nuestras emociones es que nos lleva a reflexionar sobre nuestros propios estados emocionales y así podremos tomar mejores decisiones. Una identificación eficaz de emociones o sentimientos te ayudará a mejorar tu confianza y autoestima.

Para lograr comprender tus emociones es útil hacerte algunas de las siguientes preguntas:

- *¿Qué emoción estoy sintiendo?* Esta pregunta está orientada a que le pongas un nombre a la emoción. ¿Sientes miedo, tristeza, enojo?

- *¿Qué la provocó y cuáles fueron los estímulos?* Esta pregunta está totalmente relacionada con la anterior ya que, por ejemplo, alguien podría pensar que el enojo siempre es una emoción negativa, pero puede ser que efectivamente haya razones o motivos para estar enojada. De ahí la necesidad de intentar comprender cuál fue el estímulo que generó ese enojo, para saber si este fue un estímulo real o bien se trata de un prejuicio.

Identificar los estímulos también ayudará a evitar estar expuesta a situaciones similares en el futuro, ya que una vez que logras iden-tificarlos podrás decidir qué situaciones afrontar y cuáles evitar.

Debes tener presente que las emociones son complejas y en muchos casos no será fácil identificarlas, ya que si no tienes una buena higiene emocional podrías tener muchas emociones acu-muladas, y cuando explotes resultará difícil identificar qué es lo que realmente sientes. Por ejemplo, es común que las personas que poseen algún problema de identidad sean inseguras y ante situaciones de estrés tiendan a reaccionar con enojo como medida de protección, entonces un error de identificación sería quedarse con esta emoción básica (enojo) sin ahondar en el problema de fondo, que es la identidad.

Identificar las emociones requiere de práctica y paciencia, sin embargo, es absolutamente necesario en el proceso de gestión emocional. Ahora, aunque no esté recordándolo continuamente, la acción y ayuda del Espíritu Santo son la clave para la identificación de la emoción como también para la gestión de esta. Sin la ayuda del Espíritu Santo será muy difícil y en algunos casos imposible de llevarlas a cabo.

Bueno eres, Señor, y enseñas el camino recto a cuantos se extravían. Tú diriges a los humildes en la justicia y les enseñas su camino. (Salmos 25:8-9)

Analizar los efectos que la emoción está generándome

Luego de identificar la emoción y los estímulos que le dieron lugar, será necesario analizar lo que está provocando en nosotras. Algunas preguntas que podrían ayudar a este análisis son las siguientes:

- *¿Qué parte de mi cuerpo se vio afectada por esta emoción?* Sabemos que las emociones afectan y producen cambios en nuestro cuerpo (así, una emoción podría generarnos arritmia, calor corporal, dolor de estómago, etc.). Estarás preguntándote por qué es necesario identificar estos efectos, y la respuesta tiene que ver con que cuando logramos identificar los efectos físicos que nos produce una emoción, nos permitirá gestionarla de mejor manera cuando en el futuro volvamos a tener esos efectos. Es más, la falta de gestión emocional, ignorando los efectos físicos que las emociones generan, ha llevado a muchas personas a experimentar enfermedades como estrés, crisis de pánico, depresión, obesidad, anorexia, etc. Las personas que desbordan emocionalmente podrían experimentar un desequilibrio cardíaco y digestivo.

  Mientras callé, se envejecieron mis huesos en mi gemir todo el día. (Salmos 32:3 RVR60)

- *¿Qué pensamientos generó?* Una de las primeras reacciones innatas frente a una emoción es la aparición

de pensamientos. También es importante recordar que cuando a una emoción le agregas un pensamiento puedes generar un sentimiento, y los sentimientos son mucho más duraderos que las emociones. Los pensamientos proceden de nuestro corazón y como nuestro corazón es engañoso, es absolutamente necesario identificarlos y analizarlos a la luz de la Palabra.

Medita en los siguientes versículos:

Jesús, que sabía lo que estaban pensando, les dijo: ¿A qué vienen esos malos pensamientos? (Mateo 9:4)

Pero el mal hablar brota de la suciedad del corazón y corrompe a la persona que así habla. Del corazón salen los malos pensamientos [...] (Mateo 15:18-19)

Examíname, Dios, y conoce mi corazón; pruébame y conoce mis pensamientos. Señálame lo que en mí te ofende, y guíame por la senda de la vida eterna. (Salmos 139:23-24)

Como las emociones y el proceso cognitivo están íntimamente relacionados, una errónea interpretación de una situación podría generar emociones negativas y malos pensamientos. Un ejemplo común es cuando en una reunión social una amiga nos mira con el ceño fruncido; en ese momento pueden venir varios pensamientos a nuestra mente, haciéndonos creer que esa persona tiene algo en contra de nosotras, e incluso podríamos interpretar su expresión como algo hostil, cuando en realidad podría ser que su problema no tiene nada que ver con nosotras.

Es importante pensar de forma lógica y realista, e incluso verificar si nuestra percepción de la realidad es o no correcta. Es saludable cuestionarnos las interpretaciones que hacemos de la realidad, ya que un mismo suceso puede dar lugar a emociones muy diferentes según nuestro pensamiento. De hecho, los pensamientos que genera una determinada emoción no necesariamente son correctos, y si no la analizamos y cuestionamos, podría llevarnos a reaccionar de forma errada o desmedida.

- *¿Qué comportamiento promueve?* En su estado original y sin gestión emocional, una emoción podría promover una reacción incorrecta. Pensemos en el ejemplo anterior: si no aplicamos gestión a nuestras emociones y nos quedamos con la interpretación inicial de nuestros pensamientos (que nuestra amiga tiene algo en contra de nosotras), muy probablemente esos pensamientos promoverán acciones como evitarla, actuar con indiferencia, tal vez agredirla, etc. De esta forma, no solamente debemos analizar nuestros pensamientos, sino también los comportamientos que esta emoción está impulsándonos a realizar.

Definir cómo quiero actuar

Tú eres responsable de lo que pasa en tu hogar emocional, y por eso es importante que identifiques y conozcas cuáles son las emociones que habitan en él, cuáles son aquellos afectos y pensamientos que están entrando y saliendo, cómo se relacionan entre ellos y cómo nos mueven a la acción.

> Tú eres responsable de lo que pasa en tu hogar emocional, y por eso es importante que identifiques y conozcas cuáles son las emociones que habitan en él

La etapa de definir el cómo quiero actuar variará dependiendo de cada individuo, ya que esta definición depende, entre otros factores, de:

- Tu escala de valores

- Tu identidad

- Tus objetivos

Por supuesto que puede haber otros elementos que definan tu manera de actuar, sin embargo, quisiera resaltar estos tres elementos porque me parecen los más relevantes para un cristiano. En este sentido, cuando menciono a los valores, me refiero principalmente a aquellos que has recibido durante toda tu

vida, ya sea por la familia o por personas que influyeron en ti, pero también a aquellos patrones bíblicos de conducta en el caso de los cristianos.

Por otra parte —pero muy relacionada— está la identidad: saber quién eres marcará la diferencia entre actuar de una manera u otra. No profundizaré ahora en este punto porque dedicaré un capítulo completo a este tema; sin embargo, quédate con esto:

Aquellas personas que aún no han comprendido quiénes son, son mucho más vulnerables a dejarse guiar por sus emociones.

Finalmente, los objetivos que te hayas planteado en la vida podrán ayudarte a responder preguntas como *¿De qué manera quiero reaccionar ante esta situación?* o *Si reacciono de una u otra forma, ¿qué efecto tendría en el logro de mis objetivos?*

Siguiendo con el ejemplo de nuestra amiga que nos miró con el ceño fruncido, si asumimos que efectivamente tiene algo en contra nuestra, y:

- Que nuestra escala de valores es bíblica
- Que nuestra identidad está en Cristo, y por tanto somos hijas de Dios
- Que nuestro mayor objetivo en la vida es vivir para Cristo

las preguntas que deberíamos hacernos para definir cómo queremos actuar o reaccionar serían algo como lo siguiente:

- ¿Cómo debería reaccionar una hija de Dios?
- ¿Sería correcto que yo la ataque o sea indiferente?
- ¿Cuál sería una reacción que agrade a Dios?
- ¿Qué haría Cristo en mi lugar?

Estas son solo algunas de las preguntas que podrías hacerte para gestionar tus emociones. Como dije anteriormente, el concepto de gestión emocional que estoy planteando en este libro tiene como fundamento el sujetar nuestras emociones y pensamientos a Dios. De hecho, a esto creo que se refería el apóstol Pablo cuando escribe:

[...] De esa manera, hacemos que todo tipo de pensamiento se someta para que obedezca a Cristo. (2 Corintios 10:5)

Es fundamental llevar todo pensamiento cautivo a la obediencia a Cristo, pero ¿cómo hago esto? Escuché una vez que es como en un partido de tenis, donde hay dos jugadores que están compitiendo y ambos están lanzando una pelota de un lado para el otro. Piensa que en tu mente ocurre algo similar: ¿qué debes hacer cuando te surjan pensamientos negativos? Cuando el enemigo te lance un pensamiento con fuerza, tú debes devolverlo con mayor fuerza, lo lanzas y lo llevas cautivo a la obediencia a Cristo, porque cuando hablamos de un pensamiento, este trae consigo una emoción.

Reaccionar

Esta etapa del proceso es llevar a cabo la definición del punto anterior, y aquí quiero ser muy sincera: ¡es difícil! ¡O tal vez muy difícil!

La verdad es que una persona que ha nacido en el evangelio ha estado expuesta por muchos años a instrucción bíblica y patrones morales de conducta, sin embargo, nada de eso garantiza que llevemos una vida que agrade a Dios o que reaccionemos de una manera que lo glorifique. Sin ir más lejos, en los evangelios vemos que en reiteradas ocasiones Jesús reprendió a los fariseos por su manera de vivir; ellos tenían un gran conocimiento, pero su corazón era un corazón religioso lleno de estructuras.

> Es fundamental llevar todo pensamiento cautivo a la obediencia a Cristo, pero ¿cómo hago esto?

Entonces, saber cómo debemos actuar es una parte importante del proceso, pero para poder llevar esta gestión a la práctica

necesitamos del poder del Espíritu Santo. Separados de Dios nada podemos hacer.

Yo soy la vid y ustedes son las ramas. El que está unido a mí, como yo estoy unido a él, dará mucho fruto. Si están separados de mí no pueden hacer nada. (Juan 15:5)

No quiero que te desanimes pensando que es imposible vivir según el patrón bíblico, ya que tenemos una maravillosa esperanza, porque a pesar de que nuestras emociones fueron afectadas producto de la caída, en Cristo Jesús tenemos la esperanza y al mismo tiempo la confianza de que por medio de su Espíritu Santo podremos encaminar nuestras emociones de acuerdo con el diseño de Dios.

¿Cómo podemos vivir bajo el poder del Espíritu?

En primer lugar, debemos reconocer que necesitamos de él y arrepentirnos de vivir de forma independiente. Cuando aceptemos el señorío de Jesucristo sobre nuestras vidas renunciando a nuestros métodos y formas humanas, el Espíritu Santo tomará el control de nuestras vidas, capacitándonos para vivir de la manera que a él le agrada.

Así que les aconsejo que vivan por el poder del Espíritu. De esa manera no obedecerán los deseos de la naturaleza pecaminosa, porque esta va en contra de lo que el Espíritu quiere, y el Espíritu desea lo que va en contra de la naturaleza pecaminosa. Estos dos se oponen entre sí, y por eso ustedes no pueden hacer lo que quieren. (Gálatas 5:16-17)

Oro para que el Espíritu Santo toque tu corazón a medida que vas avanzando en la lectura, y para que puedas ver todos aquellos momentos en los que tuviste acciones que fueron pecaminosas y en donde te dejaste llevar por lo que sentías sin que nada más importara.

Para reflexionar

Recuerda una situación en donde te desbordaste emocional-mente y completa el cuadro de gestión emocional, identificando cómo fue el proceso y qué harías mejor si se repitiera.

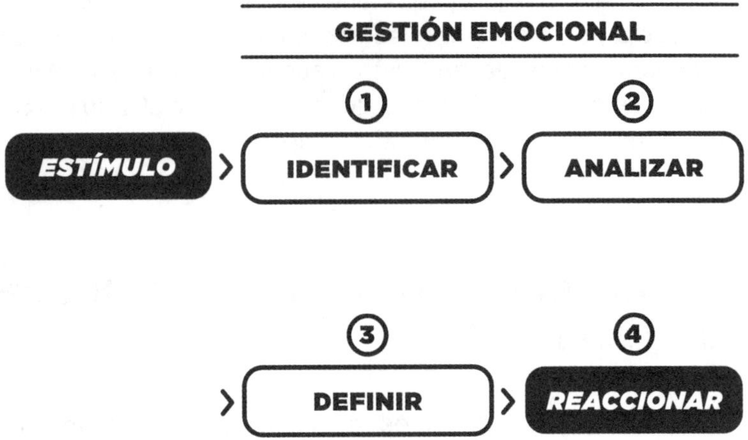

Oro para que tus emociones sean guiadas y gobernadas por el Señor, y para que su gracia te guíe para tener acciones que lo glorifiquen.

Descarga en **www.e625.com/extras** la *Guía de Trabajo Grupal* correspondiente a este capítulo.

CAPÍTULO 6

IDENTIDAD: ¿QUIÉN SOY? ¿QUÉ OPINIÓN TENGO DE MÍ MISMA?

Desde antes que formara el mundo, Dios nos escogió para que fuéramos suyos a través de Cristo, y resolvió hacernos santos y sin falta ante su presencia. Y nos destinó de antemano, por su amor, para adoptarnos como hijos suyos, por medio de Jesucristo, debido a su buena voluntad. (Efesios 1:4-5)

Saber quién soy o dar una opinión clara respecto de mí misma no siempre suele ser fácil, y para muchos hombres y mujeres estos interrogantes son bastantes complejos. ¿Por qué? Porque hay un gran temor a enfrentar la realidad: el no saber quién eres, dónde estás ni qué camino tomar en la vida puede generar ansiedad y temor, llegando a tomar el control de tu vida.

Ante la pregunta *¿Quién soy?* (que a simple vista parece muy sencilla, pero a la hora de responder genera confusión), suele haber respuestas como el nombre, la edad, la profesión, el lugar de residencia o el estado civil. La respuesta siempre está relacionada con lo que haces en el momento o con lo que crees que te caracteriza o representa; generalmente las respuestas están relacionadas con lo que es socialmente aceptado o con lo que crees que otros esperan oír de ti. En ese sentido podríamos decir que hay una confusión entre *roles* e *identidad*.

A lo largo de la vida vamos rodeándonos de personas que nos han etiquetado y repetido muchas veces que somos de una manera determinada; es tanta esa repetición acerca de lo que somos que terminamos creyéndolo y comenzamos a avanzar en cada etapa de nuestro desarrollo adaptando un rol específico y comportándonos en función de lo que otros piensan de nosotras.

¿Qué es lo que crees respecto de ti? ¿Te sientes segura a la hora de responder? La verdad es que muchas veces podemos llegar a creer que somos débiles, frías, fracasadas o amargadas, y aunque no sea así reaccionamos en base a esa creencia, porque de cierta manera es lo que sentimos que otros esperan y quieren de nosotras. ¿Por qué? Porque es el espacio que los demás nos abren, un lugar en el cual podemos encajar.

> Cada vez hay más mujeres motivadas por la insatisfacción y siendo presa del autosabotaje

Lo triste de todo esto es que muchas mujeres se pasan la vida intentando vivir una vida o una identidad que no les corresponde, buscando un modelo de belleza quizás, o que otros puedan ver en ellas a alguien atrayente. Lo cierto es que cada vez hay más mujeres motivadas por la insatisfacción y siendo presa del autosabotaje.

Es tremendamente importante avanzar rumbo al fortalecimiento de nuestra identidad y propósito, y la única forma en que estos pueden fluir es a través de un encuentro y una relación profunda con nuestro Creador.

¿Qué es identidad?

La identidad es la imagen que tengo de mí misma, lo que creo respecto de mi persona. Es el conjunto de cualidades que distingue

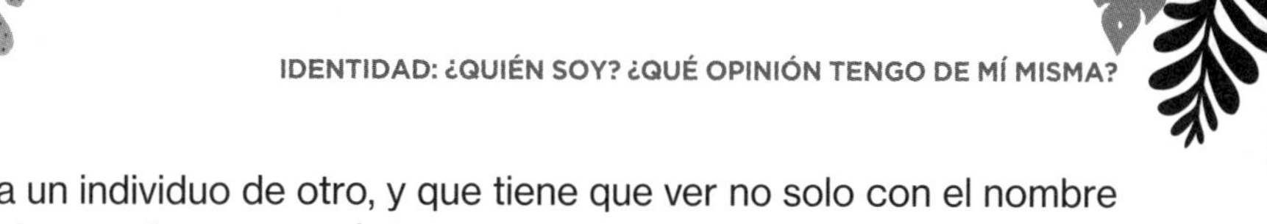

a un individuo de otro, y que tiene que ver no solo con el nombre sino con las características que nos diferencian de los demás.

Nuestra identidad no es lo que hacemos ni el rol que estemos llevando a cabo en una etapa específica de la vida; tiene que ver con nuestra esencia, con lo que está en nuestro interior y que nos define como personas.

Nuestra identidad es única e intransferible. Dios te hizo única.

Dios nos hizo únicas, pero al parecer es algo que no creemos, porque han sido muchas las mujeres que han confundido su identidad con el rol que han llevado a cabo en un determinado momento, y ante la pregunta *¿Quién soy?* su respuesta es lo que hacen, pero no lo que realmente son.

¿Quién eres? *Soy estudiante, soy una profesional destacada, soy hija, esposa, soltera, mamá, bailarina, cantante, deportista,* etc. Estas son respuestas de quienes se identifican con un rol, colocándolo como propósito de vida. Pero ¿qué pasa si alguno de estos elementos ya no está? Lamentablemente quienes tenían centrada su identidad en lo que hacían, al sentirse con las manos vacías quedaron sin rumbo, frustradas, desanimadas y hasta sin propósito; por ejemplo, aquellas personas que desarrollan su identidad basada en sus logros profesionales a menudo entran en profundas crisis cuando son desvinculadas, ya que al estar sin trabajo se sienten sin valor. 

Algo similar ocurre en lo ministerial cuando hay personas que lo que las define es el servicio que prestan, como, por ejemplo: *soy el pastor, soy el ministro de alabanza, soy la maestra de niños,* etc. Lamentablemente, no es difícil encontrar personas apartadas de Dios que en algún momento de sus vidas tuvieron un éxito ministerial pero que no lograron soportar una disciplina o un tiempo en donde no tuvieran el protagonismo de siempre y terminaron saliendo de la comunión del cuerpo de Cristo. Esto ocurre cuando se confunde la función o servicio que prestan con la identidad en Cristo.

Nuestra verdadera identidad

Por su amor, Dios nos destinó de antemano, y por medio de Jesucristo fuimos adoptadas como hijas suyas por medio de su maravillosa voluntad. ¡Esa es nuestra identidad! Debemos conocer y entender nuestro origen para saber de qué estamos hechas, así caminaremos en la dirección correcta. Es fundamental asumir aquello que Dios estableció para nosotras, para que así seamos quienes debemos ser.

> Debemos conocer y entender nuestro origen para saber de qué estamos hechas, así caminaremos en la dirección correcta

La libre y divina voluntad de nuestro Dios nos escogió para ser hijas, y esto no fue por merecerlo ni menos por méritos personales. Él tenía un propósito eterno en su corazón, y el propio Pablo lo expresa en el texto señalándonos que las bendiciones para el pueblo de Dios no fueron accidentales, sino que fueron establecidas en la mente y el espíritu de Dios antes de la fundación del mundo, antes de que todo fuera hecho, Dios tenía una decisión eterna para nuestras vidas, ser hijas escogidas para llevar una vida santa y sin mancha.

Tenemos una maravillosa identidad en Cristo.

Presta atención para que no te confundas

Existen dos conceptos que son esenciales en la formación de la identidad: el *autoconcepto* y la *autoestima*.

El *autoconcepto* es uno de los constructos teóricos más utilizados, pero que aun así, no todos entienden a cabalidad. Está relacionado con la imagen que hemos creado de nosotras mismas.

Esta imagen no es solo visual, sino que se trata de un conjunto de ideas que nos definen.

La idea que tenemos de la timidez o de nuestra propia inteligencia podría ser un componente de nuestro autoconcepto, el que nos permite hacer inferencias sobre todo aquello que tiene que ver con la manera en que nos comportamos y el modo en que los demás se comportan con respecto a nosotras. Por ejemplo, si no se te da bien el deporte y asumes que tus compañeros o las personas que te rodean valoran eso de manera negativa, tu tendencia será creer que en ese círculo social tus posibilidades de tener un buen estatus se reducen, y entonces optarás por hacer el intento de conocer personas en otro lugar.

Cabe señalar que autoconcepto y autoestima no son lo mismo: aunque ambas ideas se parezcan, el primero solo nos sirve para describirnos a nosotras mismas, mientras que la *autoestima* es el concepto que hace referencia a la manera en que nos valoramos. En pocas palabras, el autoconcepto nos sirve para referirnos a la vertiente cognitiva de nuestra manera de vernos, mientras que la autoestima tiene su razón de ser en el componente emocional, aquello que siento por mí misma. Es sumamente importante tener esto en claro, porque son elementos vitales para formar una identidad saludable, y quiero animarte en este momento a que reflexiones respecto a cómo estás construyendo tu identidad: ¿estás siendo tu misma? ¿Estás siendo alguien más? Lo que otros ven de ti, ¿es tu yo real o quizás es quien te gustaría ser?

> Tu identidad está completamente ligada a tu misión en la vida y a tu destino final

Tu identidad está completamente ligada a tu misión en la vida y a tu destino final, es por esto por lo que como cristianas nuestra identidad está ligada al Creador; somos hijas de Dios y fuimos creadas para su gloria. Cada vez que intentamos buscar o desarrollar otra identidad, más que alejarnos de la identidad original nos alejamos de Dios.

Asumir nuestra identidad en Cristo es fundamental para vestirnos de nosotras mismas y no de otra persona.

¿Te incomoda que te pregunten quién eres?

Si no te habías hecho antes esta pregunta, quiero animarte a que te la hagas; muchos de los conflictos internos que vivimos están latentes porque no valoramos quiénes somos.

Yo soy muy agradecida al Señor por las bendiciones que nos ha dado como familia, sin embargo, por muchos años de mi vida me sentía incómoda cada vez que alguien me preguntaba qué hacía o a qué me dedicaba. Esto podría ser algo muy simple para ti, pero en mi caso, a pesar de ser profesional, el hecho de no haber ejercido por dedicarme a mi hogar siempre me generaba conflicto porque confundía mi rol con mi identidad. Cuando comprendí que nada de lo que haga puede cambiar mi condición de hija de Dios, sentí la libertad de responder que era ama de casa. Esto es parte del trabajo del enemigo en nuestra mente, porque la verdad es que mi trabajo ministerial y el discipulado siempre han sido muy intensos, pero el hecho de creer que no cumplía un estándar profesional corporativo remunerado me generaba ese conflicto. En el fondo, yo menospreciaba mi rol, y al confundirlo con mi identidad, menoscababa mi autoestima.

Ahora te pregunto a ti: ¿alguna vez te sentiste incómoda ante la pregunta acerca de quién eres? Cuando esta confusión entre rol e identidad toma fuerza, puede terminar siendo la puerta de entrada para comenzar a buscar otra identidad.

Tampoco debemos ignorar a nuestro enemigo, ya que su mayor objetivo es destruirnos, pero no lo hará lanzándote una bomba sino que intentará por todos los medios atacar la idea de quién eres.

El ladrón sólo viene a robar, matar y destruir. Yo he venido para que tengan vida, y para que la tengan en abundancia. (Juan 10:10)

Quiero invitarte a que prestes atención a la conversación que tuvo Jesús con Satanás en el desierto cuando este último intentó tentarlo. Antes de analizar la conversación, ¿cuál crees que era el objetivo de Satanás? Claramente, destruir la obra de Dios, así que veamos cómo intentó hacerlo.

Tentación 1:

[...] y el diablo se le acercó. Si eres el Hijo de Dios —le dijo—, haz que estas piedras se conviertan en pan. (Mateo 4:3)

Tentación 2:

Si eres el Hijo de Dios —le dijo—, tírate desde aquí. Las Escrituras dicen que Dios enviará a sus ángeles a cuidarte, y ni siquiera te tropezarás con las rocas. (Mateo 4:6)

Tentación 3:

Finalmente el diablo lo llevó a la cima de una alta montaña y le mostró las naciones del mundo y la gloria que hay en ellas. Todo esto te lo daré si de rodillas me adoras —le dijo. (Mateo 4:8-9)

En las dos primeras tentaciones, claramente Satanás atacó la identidad de Jesús, cuestionando su condición de Hijo de Dios; sin embargo, Jesucristo —quien no tiene problemas de identidad— no perdió el tiempo en demostrarle a Satanás que él era el Hijo de Dios. Cuando tenemos clara nuestra identidad, no hay necesidad de demostrarle nada a nadie.

En la tercera tentación podría parecer que utilizó una estrategia distinta, sin embargo, es exactamente lo mismo; es decir, si Jesucristo no hubiera tenido claro quién era, probablemente se hubiera sentido tentado ante el ofrecimiento de Satanás, pero como él es el Hijo de Dios no tenía necesidad de nada de lo que podían ofrecerle.

Satanás no necesita matarte para destruirte, basta que consiga llamar tu atención para que busques ser quien no eres, y habrá logrado su objetivo.

En el libro de Proverbios encontramos otro ejemplo de identidad. La mujer virtuosa de Proverbios 31 tenía muchas características

Cuando asumes con convicción tu identidad en Cristo, lo natural es que camines por la vida revestida de fuerza y dignidad, sin temer al futuro

sobresalientes, pero una de las que podría resaltarse más es que ella sabía quién era. Es por esta razón que se desenvolvía tan bien en todo lo que hacía, y como resultado, su vida era tan abundante. Personalmente, muchas veces veía a esta mujer como un ejemplo inalcanzable y demasiado perfecto, pero después entendí que esta mujer no era ejemplo de perfección, sino que era ejemplo de alguien que cumplió los propósitos de Dios para su vida, y eso sí que es algo accesible para todas nosotras. Ella era una mujer segura de su identidad.

Está revestida de fuerza y dignidad, y no le teme al futuro. (Proverbios 31:25)

Yo pienso que esta mujer cuando se miraba al espejo reconocía que era una obra del Señor, y la firmeza de su identidad no dependía de todos los elogios que recibía sino de lo que Dios había hecho de ella, una obra buena, agradable y perfecta, porque fue creada a imagen del Señor. Cuando asumes con convicción tu identidad en Cristo, lo natural es que camines por la vida revestida de fuerza y dignidad, sin temer al futuro.

Cuida tu autoestima

Como dije anteriormente, la autoestima es parte importante en cuanto a la formación de nuestra identidad. Cuando nuestra autoestima se ve amenazada, ya sea por nosotras mismas debido a un autoconcepto incorrecto, o por los demás (producto de críticas y ataques), eso pone en peligro nuestra identidad.

La manera en que podemos ayudarnos es buscando un estado emocional que refuerce nuestro autoconcepto y gestionar los ataques y opiniones del exterior.

No podemos dejar que todo lo externo nos afecte; tampoco debemos intentar llevar una batalla para que nadie tenga una opinión errada de mí. Lo que sí es bueno es reflexionar cuando alguien te haga alguna crítica o algún comentario sobre tu conducta que ataque directamente tu autoestima; es ahí cuando debes pensar del siguiente modo: *¿Es su punto de vista o su opinión? (que no necesariamente puede ser correcta, simplemente es una opinión). Yo sé quién soy y cuánto valgo, porque soy hija de Dios.* Es esencial aprender a diferenciar aquello que dicen sobre ti (tus palabras y acciones) de aquello que tú eres, porque tu identidad va mucho más allá de una conducta específica, un error o fracaso, tú eres mucho más de lo que haces en cada momento. Ante críticas o cuestionamientos respecto de quién eres, es útil pensar en la tentación de Jesús y de qué manera él la enfrentó.

En la Biblia tenemos varios ejemplos de hombres que lucharon con problemas de identidad y autoestima; en medio de la lucha, algunos pudieron experimentar el poder de Dios restaurando sus vidas, pero otros perecieron porque sus malos comportamientos los llevaron a alejarse completamente de Dios.

De inmediato, el rey David envió por Mefiboset hijo de Jonatán y nieto de Saúl. Mefiboset llegó y se inclinó delante del rey David, quien le preguntó:

—¿Eres tú Mefiboset?

—Sí, aquí está su siervo —le respondió.

David le dijo:

—No tengas miedo. Te he enviado a buscar porque quiero ayudarte, tal como se lo prometí a tu padre Jonatán. Te devolveré todas las tierras que pertenecieron a tu abuelo Saúl, y de aquí en adelante vivirás en mi palacio.

—Mefiboset entonces se inclinó de nuevo delante del rey, y dijo:

—¿Debe el rey mostrar tanta bondad con un perro muerto como yo? (2 Samuel 9:6-8)

La Biblia nos muestra la historia de Mefiboset, un hombre que era nieto de Saúl e hijo de Jonatán. En un momento específico, David quería bendecir a alguien que fuera descendiente de Saúl (por el gran amor que le tenía a su amigo Jonatán), y quería buscar a alguien de su familia para poder demostrarle su bondad. Fue en ese momento que uno de sus siervos le comentó que había un hijo de Jonatán llamado Mefiboset que era lisiado de ambos pies y vivía en Lo-Debar, cuyo significado es «miseria, dolor, soledad y desesperanza».

Piensa por un momento: ¿por qué el nieto de un rey estaría viviendo en un lugar así? La historia nos cuenta que, a la edad de cinco años, Mefiboset estaba junto a su niñera cuando llegó la noticia de que su abuelo y su padre habían muerto, y fue en ese instante que su cuidadora lo tomó para huir y por el apuro el niño se le cayó, quedando lisiado de ambas piernas. ¿Pueden imaginar la vida de ese hombre? Imposibilitado de caminar e impedido de vivir en el lugar que le correspondía. ¿Por qué nunca fue al palacio a reivindicarse respecto a aquellos privilegios que tenía por ser descendiente del rey Saúl y su hijo Jonatán?

Las leyes de Israel en aquella época decían que si dos personas hacían una alianza, todo lo que cada una de ellas poseía pasaba a disposición del otro, y estas personas tenían que ayudarse y luchar la una por la otra, y esto era así por las próximas generaciones. Mefiboset estaba viviendo en la pobreza, la soledad y el anonimato. ¿Por qué? Era evidente que tenía un problema de identidad, porque sabiendo de dónde venía, nunca tuvo el coraje ni el valor de aceptar su verdadera identidad. La Biblia no menciona los detalles, pero ¿ustedes no creen que este hombre estaba marcado por los complejos, la inferioridad y la imperfección? Claro que sí; su autoestima e identidad estaban dañadas, y la manera en que se presentó delante de David da claridad de esto.

- ¿Debe el rey mostrar tanta bondad con un perro muerto como yo?

Este hombre se veía como un perro muerto; esto es la prueba de una autoestima e identidad destruida. Él no se veía como un heredero del trono, se veía como alguien que sería rechazado por siempre.

Cuando hay problemas de identidad la persona sabe que hay algo mal, pero no sabe qué es y tampoco sabe cómo explicarlo, pero hay un pesar constante e insatisfacción con su vida, no entiende por qué está en el lugar en que está y, aunque haga muchas cosas, hay un vacío en lo profundo de su corazón.

En mi caminar en Cristo he acompañado muy de cerca a mujeres de distintas edades con grandes problemas de identidad, chicas que se desviven por lo que otros hacen, e intentado imitar el mejor ejemplo que vean. Tener un referente es muy distinto a ser la copia de alguien. Cuando te esfuerzas por querer llevar una vida que no es la tuya, ya estamos hablando de problemas de identidad.

Lo triste es que, siendo nosotras una creación única, hay una batalla constante por ser parecernos a otras; cuando tienes en mente ideales específicos, comienza esta batalla de mucho esfuerzo por ser parecida o igual a otra persona, y cuando esto no se consigue, lo único que logras es sentir cansancio, frustración y decepción.

Entonces ¿no puedo inspirarme en nadie? Claro que puedes, y es necesario inspirarnos en otros, pero graba esto en tu corazón: la inspiración es totalmente distinta a la imitación. La inspiración ayudará a nuestra identidad a crecer y fortalecerse, la imitación te apagará porque estarás ocupando un lugar en el cual no debes estar, un lugar que no te pertenece.

Las redes sociales han sido grandes colaboradoras para que nos transformemos en copias de otros. Cuando se utilizan de manera correcta son un aporte para nuestras vidas, pero cuando se utilizan como una herramienta para intentar llenar vacíos, eso ya es algo negativo.

Mujeres de distintas edades procuran constantemente algún tipo de felicidad con estímulos externos, intentando buscar alguna forma de llamar la atención o de recibir reconocimiento; una falsa felicidad, alimentada por opiniones externas.

Cambia el foco

Miren cuánto nos ama el Padre que somos llamados hijos de Dios. ¡Y de veras lo somos! Como la mayoría de la gente no conoce a Dios, tampoco reconoce lo que somos. (1 Juan 3:1)

El maravilloso amor de Dios ha sido derramado sobre cada una de nosotras trayendo como resultado convertirnos en hijas suyas; somos producto de su amor, y esto es algo que no todos pueden entender porque para hacerlo necesitas transformarte en hija.

Querida amiga, necesitas realmente manifestar quién eres en Dios; deja de lado la imitación y busca tu diseño original, aquel que Dios tu Padre tiene preparado para ti. Cuando vivas bajo esta convicción, ya no seguirás viviendo presa de los engaños del maligno, no vivirás bajo el victimismo, el desánimo ni queriendo ser como alguien más.

Necesitas creer con firmeza quién eres, para que así puedas hacer brillar tu verdadera identidad.

Aférrate a la palabra de Dios, aférrate a sus promesas y a lo que él dice de ti; solo la verdad en nuestros corazones tiene el poder para cambiarnos, solo su verdad puede mostrarte el valor que tienes en Cristo.

Para reflexionar

Medita en aquello que Dios ha ministrado a tu corazón, medita sobre quién eres y cómo Dios te ve. Tengo la certeza de que Dios hablará profundamente a tu vida.

- Sinceramente, ¿quién quieres ser en la vida? ¿Para dónde vas?

- ¿Qué es lo que te mueve a levantarte en las mañanas? ¿Qué es lo que te mueve en la vida?

Decide creer lo que Dios dice de ti; eres una hija amada, y nadie puede decir lo contrario.

Descarga en ***www.e625.com/extras*** la *Guía de Trabajo Grupal* correspondiente a este capítulo.

CAPÍTULO 7

JESÚS, EL MODELO PARA ALCANZAR LA MADUREZ EMOCIONAL

[...] hasta que todos lleguemos a la unidad de la fe y del conocimiento del Hijo de Dios, a un varón perfecto, a la medida de la estatura de la plenitud de Cristo. (Efesios 4:13, RVR60)

Independientemente de los roles o talentos específicos que cada una de nosotras tengamos, nuestra identidad como cristianas es ser hijas de Dios, y en este sentido, nuestra meta es clara: llegar a ser como Jesús. Este objetivo es transversal para todos los cristianos e implica un proceso de transformación realizado por el Espíritu Santo, en donde todo nuestro ser camina hacia la madurez en Cristo. El apóstol Pablo lo explicaba de la siguiente manera:

Lo he perdido todo con tal de conocer a Cristo, de experimentar el poder de su resurrección, de tener parte en sus sufrimientos y de llegar a ser semejante a él en su muerte. Así espero llegar a resucitar de entre los muertos. No quiere decir que yo ya lo haya conseguido todo, ni que ya sea perfecto; pero sigo adelante trabajando para poder alcanzar aquello para lo que Cristo Jesús me salvó a mí. (Filipenses 3:10-12)

El apóstol Pablo tenía muy clara cuál era su misión y propósito: su meta era ser como Jesús en toda su manera de vivir, su meta era Cristo, vivirlo, experimentarlo, hacer todo para él. ¡Qué maravilloso! En Pablo tenemos un testimonio profundo de entrega absoluta a Cristo; no es una entrega emocional, es una entrega de cuerpo, mente, alma y espíritu. Todo su ser estaba al servicio del Maestro. No se conformó solo con haber sido salvado y justificado (que es una grandiosa obra), sino que anheló ser transformado a su imagen.

No basta con declarar al viento el deseo de ser como Jesús, necesitamos comprometer todo nuestro ser en esta causa; de lo contrario, tal declaración no pasará de ser una simple expresión de romanticismo religioso vacía en sí misma. Cuando los discípulos le preguntaron a Jesús sobre cuál era el mandamiento más importante, pareciera que Jesús hubiera estado esperando la pregunta para responderla sin titubear:

Jesús respondió: «Amarás al Señor tu Dios con todo tu corazón, con toda tu alma y con toda tu mente». (Mateo 22:37)

Jesucristo espera que nuestro compromiso de amor con él sea total y absoluto. Pretender tener una transformación absoluta en nuestras vidas sin que haya una entrega total a Dios es un error.

Necesitas un corazón nuevo

Pero el mal hablar brota de la suciedad del corazón y corrompe a la persona que así habla. Del corazón salen los malos pensamientos [...] (Mateo 15:18-19)

Toda conducta es resultado de fuentes ocultas. (M. Horton)

Para ser como Jesús necesitas un nuevo corazón. Pero, ¿cómo se hace?

Naturalmente hablando, cuando una persona necesita un trasplante de corazón requiere de un donador, y para que haya un donador es necesario que alguien muera. En lo espiritual sucedió de esa manera con Jesús: él murió para que tú y yo tuviéramos un

nuevo corazón, una nueva vida. Dicho de otra forma, el órgano que necesitas para vivir ya fue donado y está listo para el trasplante, y lo glorioso es que el mismo donante que murió y resucitó, será el doctor que llevará a cabo el trasplante. ¡Gloria a Dios!

Les daré un solo corazón y un espíritu nuevo; quitaré sus corazones duros como si fueran de piedra y les daré corazones tiernos llenos de amor hacia Dios para que puedan seguir con gusto mis instrucciones y ser mi pueblo, y yo seré su Dios. (Ezequiel 11:19-20)

Tener un corazón nuevo implica, en términos prácticos, que hoy estamos capacitadas por medio del Espíritu Santo para vivir una vida en santidad, y esa vida de santidad alcanza todas las áreas de nuestra vida, lo que incluye —por supuesto— nuestras emociones.

Querida amiga, nadie consigue cumplir la palabra de Dios, amar como él ama, servirlo sin condición, poner sus emociones, sentimientos y pensamientos en sus manos, sin antes tener un corazón nuevo. Ya con nuestro nuevo corazón, nuestro modelo para alcanzar la madurez emocional es Cristo.

Y cuando sostengo que Jesús es nuestro modelo para alcanzar la madurez emocional, no estoy sugiriéndolo como un estándar de vida que puede alcanzarse solamente con disciplina y autocontrol. La verdad es que tu disciplina y autocontrol se agotarán antes de que alcances ese estándar, porque no depende de fuerza, depende de la obra de su Espíritu y un compromiso profundo con la persona de Jesucristo.

Ser como Cristo es el máximo objetivo en nuestra vida. Llegar a ser como él es nuestra meta.

Jesús, el modelo

Habiendo dicho lo anterior, veamos ahora en las Escrituras de qué manera Jesús gestionaba sus emociones, o de qué forma nos instruyó para que nosotros gestionemos las nuestras.

Lo primero que debo decir es que la vida de Jesús no fue una vida fácil ni estuvo exenta de problemas. La palabra de Dios nos describe momentos en los que sufrió, sintió dolor, sufrió maltrato físico, fue traicionado, etc. También es preciso tener en cuenta que, aun siendo Dios, mientras estuvo aquí en la tierra fue ciento por ciento humano, y por tanto sufrió igual como sufriría cualquiera de nosotras. Lo que marcó la diferencia es que su identidad de hijo de Dios y su meta lo llevaron a gestionar sus emociones de manera que estas no fueran un estorbo.

Analicemos algunos episodios de los Evangelios e intentemos aplicar el modelo sugerido en el capítulo cinco. Solamente tomaré algunos ejemplos, por lo que te sugiero que leas los Evangelios prestando atención a otros episodios con carga emocional y descubras cómo actuó Jesús.

Revisaremos tres episodios en donde Jesús gestionó sus propias emociones:

ESTÍMULO	Marcos 8:1-10 Jesús vio que la multitud que lo seguía no tenía qué comer	Juan 11:28-44 Jesús vio a María y a sus acompañantes judíos llorando por la muerte de Lázaro	Mateo 21:12-17 Jesús advierte que el templo estaba transformándose en un lugar de comercio
IDENTIFICAR Ponle nombre a la emoción	COMPASIÓN EMPATÍA	PENA COMPASIÓN EMPATÍA	DISGUSTO O ENOJO
ANALIZAR Los efectos que esa emoción generó. ¿Qué pasó en el cuerpo? ¿Qué comportamiento promueve?, etc.	Jesús se puso en el lugar de la gente y entendió que no podía enviarlos sin comer a sus casas. Había mujeres y niños que necesitaban alimentarse.	Jesús se estremeció en su espíritu y se conmovió (v. 33), también lloró (v. 35). Jesús sintió CONMOCIÓN, que es un sentimiento, que se genera por una pena profunda (v. 38).	Jesús se disgustó al ver que el templo se había convertido en una cueva de ladrones cuando debería ser un lugar de oración. Se disgustó al ver que el templo estaba perdiendo su objetivo.
DEFINIR Cómo deberías actuar según tus: Valores Identidad Objetivos	El amor a Dios implica amar al prójimo, por lo que la identidad de Cristo le impedía ser indiferente ante esta situación (Mateo 22:36-40).	Además de que en su condición de Hijo de Dios debía amar al prójimo, en esta oportunidad también entran su propósito u objetivos que es mostrar y glorificar al Padre; esto lo mueve a pedir por un milagro.	En su condición de Hijo de Dios, su misión era entregar vida en abundancia (Juan 10:10), por lo que no permitiría que se desvirtuara el objetivo para el cual se había construido el templo (v. 13)

REACCIONAR Este es el resultado de nuestra decisión sobre cómo actuar después de recibir la emoción	Jesús alimentó a los 4000 y luego los despidió a sus casas.	Jesús ora al Padre y llama a Lázaro a la vida, resucitándolo. Esto produce fe en Dios en las personas que presenciaron el milagro.	Arrojó del templo a los comerciantes y luego sanó a los ciegos y cojos que vinieron a él.

Estos son solo algunos episodios de muchos otros que experimentó Jesús. Su Palabra nos da clara evidencia de que él enfrentó situaciones críticas y duras como para llevarlo a un desborde emocional, sin embargo, no se dejó guiar por lo que sentía y no le dio un lugar de gobierno de su corazón, ya que su vida y sus emociones estaban sujetas a la voluntad del Padre.

Frente a todo lo que hemos visto hasta ahora, es imperativo considerar a Jesús cuando nos encontremos en un proceso de gestión emocional, y aunque a nuestro alcance tengamos distintas alternativas como para calmarnos y relajarnos en un momento de tensión, nada de eso nos garantiza que el resultado (nuestra reacción) sea realmente la que agrada a Dios. Por eso, necesitamos aprender de Jesús.

Veamos ejemplos de Jesús ayudando a sus discípulos a gestionar sus emociones:

ESTÍMULO	**Mateo 8:23-27** Jesús y los discípulos están en una barca en medio del mar. Mientras Jesús dormía hubo una gran tempestad.	**Marcos 14:3-9** Una mujer unge a Jesús vertiendo sobre su cabeza un frasco de un perfume muy costoso.	**Mateo 17:14-21** Jesús libera a un endemoniado que los discípulos no pudieron liberar.
IDENTIFICAR Ponle nombre a la emoción	**TEMOR ASOMBRO**	**ENOJO**	**IMPOTENCIA TRISTEZA**

ANALIZAR Los efectos que esa emoción generó. ¿Qué pasó en el cuerpo? ¿Qué comportamiento promueve?, etc.	A pesar de que algunos discípulos eran pescadores, se vieron amedrentados por las olas y sintieron temor. Este temor y la posibilidad de ahogarse los llevó a despertar a Jesús gritando por auxilio.	Los discípulos interpretaron el ungimiento como un derroche de recursos y sintieron enojo. Al agregar el pensamiento de que se podría haber utilizado mejor el recurso, transformaron el enojo en el sentimiento de INDIGNACIÓN.	Aunque no lo sabemos, es posible que los discípulos hayan experimentado impotencia e incluso tristeza o enojo al ver que no fueron capaces de liberar al muchacho. El riesgo de no gestionar estas emociones es que si a estas se le suman las críticas de las personas (v. 16), los discípulos estaban cerca de caer en el sentimiento de la IMPOTENCIA.
DEFINIR Cómo deberías actuar según tus: Valores Identidad Objetivos	Jesús los persuade a identificar la razón de su temor, e inmediatamente les da la respuesta: es falta de fe. Es palpable la relación inversa que existe entre temor y fe. Luego de esto, Jesús calma la tempestad y los discípulos se maravillaron de él.	Jesús, al ver que los discípulos estaban permitiendo que el enojo se transformara en INDIGNACIÓN, intentó eliminar esos pensamientos indicándoles que, en ese momento, el acto de honra de esa mujer era simbólico y estaba relacionado con su misión. Por lo demás, siempre tendrían la oportunidad de ayudar a los pobres.	Jesús, después de sanar al muchacho, inmediatamente reforzó a los discípulos indicándoles que su problema había sido por una parte la poca fe, y por otra, que ese género de demonio necesitaba mayor preparación de oración y ayuno.

En estos ejemplos no hice mención del último paso de nuestro plan de gestión emocional respecto a la reacción de los discípulos, ya que no todos los textos analizados muestran la reacción de estos luego de la intervención de Jesús. Con esto podemos ver que Jesús no solo gestionaba sus propias emociones para glorificar al Padre, sino que también ayudaba a sus discípulos a que aprendieran a gestionar las de ellos.

Aplicar el modelo de Jesús para nuestra correcta gestión emocional no solo será de ayuda para nuestra propia vida, sino que también colaborará con quienes tenemos a nuestro alrededor.

Parece inalcanzable

De hecho, ¡no es así! He conversado con muchas mujeres de distintas edades y cuando se toca el tema de la necesidad de ser transformadas a la imagen de Cristo, habitualmente en una primera instancia suena un poco inalcanzable, sin embargo, la clave está en vivir en el Espíritu. Si intentamos llevar a cabo una transformación interna por medio de nuestro empeño y fuerza humanas, lo que lograremos será desgaste y frustración debido a que nuestras fuerzas nunca serán suficientes para lograr este cometido.

¿Entonces, cómo? En vez de luchar, necesitamos rendirnos. Necesitamos amarlo con todo nuestro ser y descansar en que él hará su obra en nuestras vidas. Dios es quien da el crecimiento, nuestra labor es amarlo —con todo lo que eso implica— y descansar en él.

Además, sabemos que si amamos a Dios, él hace que todo lo que nos suceda sea para nuestro bien, ya que nos ha llamado de acuerdo con su propósito (Romanos 8:28).

El que comenzó tan buena obra en ustedes la irá perfeccionando hasta el día en que Jesucristo regrese. De esto estoy seguro. (Filipenses 1:6)

Descansar en él no significa que no tengas ninguna responsabilidad; de hecho, Jesucristo nos mueve a tomar nuestra cruz, a

negarnos a nosotras mismas y a seguirlo. Esto implica que tenemos una responsabilidad y debemos aplicar disciplina a nuestra vida; sin embargo, descansar en que él hace la obra significa que nuestros esfuerzos, a pesar de ser necesarios, nunca serán suficientes y siempre necesitaremos depender de que el Espíritu Santo nos capacite para vivir la vida que le agrada a Dios.

La invitación está hecha

Lleven mi yugo y aprendan de mí, que soy manso y de corazón humilde. Así hallarán descanso para el alma. (Mateo 11:29)

Jesús abre la puerta para todas aquellas que se sientan cansadas y fatigadas; lo único que debemos hacer para aceptar esta invitación es reconocer la necesidad que hay en cada una de nosotras y poder confiar en que él es capaz de resolverlo. Esta invitación no es una vía de escape momentánea, es un alivio profundo del temor, la ansiedad, la incertidumbre y cualquier vacío o desborde emocional que tengamos en nuestro interior.

Si te gustó el tema de este libro, debes saber que hay muchísima literatura sobre inteligencia emocional, y muchas propuestas de gestión emocional que sin duda pueden ser útiles, pero no te engañes: ningún método humano puede sanar tu corazón ni saciar tu alma como lo hace Jesús. Sigue los pasos del Maestro, solamente en Él encontrarás el modelo vivo de una persona emocionalmente sana.

[...] ¡Si alguno tiene sed, venga a mí y beba! De aquel que cree en mí, brotarán ríos de agua viva, como dice la Escritura. (Juan 7:37)

Todo lo que necesitas está en él.

Para reflexionar

Tomando el modelo de gestión emocional que te he propuesto y considerando los ejemplos que vimos en este capítulo, ve al sermón del monte (particularmente a los siguientes textos) e intenta identificar en qué tipo de situaciones y ante qué posibles emociones deberíamos proceder como indica Jesús.

- Mateo 5:38-42
- Mateo 5:43-48
- Mateo 6:1-4

Descarga en **www.e625.com/extras** la *Guía de Trabajo Grupal* correspondiente a este capítulo.

ALGUNAS EMOCIONES

CAPÍTULO 8

SEAMOS EMPÁTICAS

Por cuanto Dios los escogió y son santos y amados, practiquen con sinceridad la compasión y la bondad. Sean humildes, amables y buenos. Sopórtense unos a otros y perdonen a quienes se quejen de ustedes. Si el Señor los perdonó, ustedes están obligados a perdonar. (Colosenses 3:12-13)

En esta segunda parte estudiaremos de manera más profunda una selección de emociones que creo que son las más recurrentes en nuestras vidas y que usualmente nos plantean los mayores desafíos al intentar gestionarlas.

Antes de continuar, te cuento que en este capítulo me centraré en una de las principales competencias de la inteligencia emocional: me refiero a la *empatía,* que es la capacidad de ver el mundo como la otra persona lo ve. La necesidad de identificar y desarrollar la empatía en nuestras vidas se fundamenta en que es igualmente importante comprender los sentimientos, emociones y necesidades de quienes nos rodean como comprender y gestionar los nuestros.

La empatía

Recuerdo una conversación que tuve con una joven respecto a su manera de relacionarse con los demás. Ella me manifestaba que le era muy difícil sentir el dolor de otros. Cuando esta joven se veía involucrada en alguna situación donde había una necesidad ajena, usualmente actuaba e intentaba ayudar; al mismo tiempo que ayudaba, reconocía que lo hacía de manera mecánica movida por sus valores, pero internamente no lograba conectar con la otra persona, sintiéndose lejana e incluso hasta ausente de la situación. En pocas palabras, le costaba ponerse en el lugar del otro. Ante esta apertura identifiqué que había una ausencia de empatía.

La empatía es una capacidad que se basa en la autoconciencia emocional, y permite que las personas que la tienen estén más adaptadas a las señales sutiles que indican lo que otros quieren o necesitan. Esta habilidad nos sirve para saber lo que siente el otro y va construyéndose a través de la conciencia de uno mismo, por eso es importante entender que mientras más abiertas estemos a nuestras propias emociones, más habilidades tendremos para interpretar los sentimientos de otros.

En uno de los capítulos anteriores, cuando hablé de Inteligencia emocional, mencioné que esta habilidad no es solo necesaria para entender nuestras propias emociones, sino que lo es para comprender la de los demás.

Aunque cada una de nosotras sintamos y pensemos de manera diferente, cada situación que vivamos y enfrentemos nos desafía a comprender y actuar frente a las vivencias y dificultades de otros, ya sea porque un amigo enfrente una enfermedad o estemos frente a un problema amoroso, cuando intentamos tranquilizar a un adulto o un niño en estado de furia, o simplemente cuando intentamos cuidar algo que es de nuestra propiedad; todas estas situaciones significan un desafío.

Identificar una actitud corporal o un gesto en un rostro nos planteará el desafío de poder interpretar correctamente lo que la persona está sintiendo, y de esa forma ver la situación desde su punto de vista y anticipar sus emociones. Difícil, ¿no? La verdad es que muchas veces el concepto que tenemos en mente de la empatía es bastante pobre, y a pesar de que siempre se habla de ponerse en el lugar del otro o en sus zapatos, lo cierto es que muy fácilmente encontramos barreras para actuar en beneficio de los demás.

Ponerse en el lugar del otro intentando comprender, libres de prejuicios, su visión de la realidad, su postura y sus opiniones no es nada fácil, pero ponerlo en práctica nos llevará a entender que la empatía no solo puede cooperar con los demás sino que nos ayuda a nosotros mismos.

La capacidad de colocarse en el lugar del otro es una de las funciones más importantes de la inteligencia. Demuestra el grado de madurez del ser humano. (A. Cury)

> La persona que es más empática debe apartarse de su propia escala de importancia para ponerse en la escala de importancia del otro

La empatía es ponerse en la piel de la otra persona, ser capaz de entenderla, comprender lo que pasa por su mente y por qué se siente así; no desde nuestra propia perspectiva, sino intentando pensar como la otra persona, con sus creencias y valores. Es parte de la validación de comprender que los sentimientos de una persona son posibles en la situación en que se encuentra, aunque quizás nosotras en la misma situación nos sintamos distinto.

En palabras simples, puede que para alguna de nosotras no sea muy importante que a alguien se le haya olvidado saludarnos, pero para otras personas sí es importante. De esta manera, la persona que es más empática debe apartarse de su propia escala de importancia para ponerse en la escala de importancia del otro. Un ejemplo bíblico que analizamos en capítulos anteriores fue la escena descrita en Marcos 8:1-10, donde Jesús sintió compasión por la multitud que no tenía qué comer: había que despedir a las personas para que volvieran a sus casas, sin embargo, Jesús se puso en el lugar de las familias que no tenían nada que comer, y antes de despedirlas, las alimentó primero.

Hay personas que tienen mayor facilidad para empatizar con otros, pero hay otras que son incapaces de hacerlo. Debemos prestar atención, porque suele confundirse la empatía con el concepto de *reconocimiento de emociones*: existen personas

que tienen la capacidad de reconocer el estado emocional del otro (por ejemplo, la tristeza, el enojo, el miedo, la alegría), y sin embargo no tienen la capacidad de ponerse en su lugar ni actuar en beneficio de ellos.

Existen dos tipos de empatía

¡Claro! Están la *empatía afectiva*, que es la capacidad de sentir lo que el otro siente, y *la empatía cognitiva* que es hacer un esfuerzo por comprender la situación o el problema desde el punto de vista del otro. Mi enfoque va directo al afectivo (emocional), esta habilidad instintiva e inmediata de sentir lo que la otra persona está sintiendo.

En este proceso de relacionarnos debemos considerar como pieza fundamental el acto de perdonar

Esto se les atribuye a las *neuronas espejo*, porque cuando miras a alguien, tu cerebro imita las emociones de la otra persona. ¡Increíble! Aun sin moverte y sin que hagas los mismos gestos, mentalmente tus neuronas espejo están haciéndolo.

Me es imposible no pensar en tan maravillosa obra del Señor, tan detallista, tan perfecta. Cuando el Creador comenzó a formar cada parte de nuestro ser no lo hizo para que todo estuviera enfocado en nosotras mismas, sino que lo creó para que pudiéramos relacionarnos transmitiendo lo que sentimos y a la vez sintiendo lo que otros sienten.

La palabra de Dios nos enseña cómo debemos relacionarnos en medio del cuerpo de Cristo y cómo debemos relacionarnos con la sociedad en general. El ser hijas de Dios no significa que debamos estar aisladas del mundo, por el contrario, debemos estar atentas a las necesidades que este tiene, entregando el mensaje de Cristo no solo con atenciones y acciones, sino también con nuestra manera de vivir.

Actuemos como escogidas de Dios

Fuimos escogidas por Dios para ser sus hijas santas y amadas. Su maravilloso amor y misericordia lo llevó a elegirnos con un propósito especial: glorificarlo. Lo glorificamos con nuestra vida, con nuestra obediencia y nuestras acciones. Nuestro comportamiento debe ser diferente al de cualquier persona que no lo conoce porque somos santas. Dios nos apartó para que lleváramos una vida diferente siendo también objeto de su amor.

Pablo, en Colosenses 3:12-14, nos insta a vestirnos de manera especial, con un atuendo confeccionado de materiales valiosos, y comenzando por algo muy interno:

- **Estar llenas de compasión:** es sinónimo de empatía, y cuando la Palabra nos menciona que debemos estar llenas de ella, es porque esta debe ser originada en lo profundo de nuestro ser. Es un sentimiento similar al que movió a Jesucristo a misericordia cuando vio a los hombres como ovejas sin pastor.

- **Benignidad**: debemos ser mujeres que irradien dulzura y ser fáciles de llevar. 

- **Humildad**: solo nacerá de una relación profunda con el Señor; de lo contrario, será algo falso.

- **Mansedumbre**: para que sea bien utilizada, debe ser controlada por el Espíritu Santo.

- **Paciencia**: nos dará la tolerancia para soportar los problemas mientras vivamos.

¡Cuán importante es vestirnos como la Palabra nos señala! Ahora, para que esta vestimenta tome mayor valor, debemos usarla y darle vida relacionándonos con otras personas, es decir, los unos con los otros. De nada nos sirve ponernos un vestido especial para que solo sea nuestro espejo el que lo vea: la ocasión ideal para usarlo es en medio de nuestras relaciones personales.

Sopórtense unos a otros y perdonen a quienes se quejen de ustedes. Si el Señor los perdonó, ustedes están obligados a perdonar. (Colosenses 3: 13)

En este contexto, la palabra traducida como soportar es sinónimo de «tolerar», es decir, debemos estar dispuestas a tolerar y ser pacientes con otros. En este proceso de relacionarnos debemos considerar como pieza fundamental el acto de perdonar. De nada nos sirve querer ayudar a otros si no estamos listas para tolerar y perdonar. Estar en medio de una comunidad implica relacionarnos de forma orgánica con personas, lo que no está exento de conflictos relacionales que requieren tolerancia y perdón.

Si Jesucristo es nuestro Señor, esto debe verse reflejado en todas las áreas de nuestra vida, incluyendo las relaciones sociales. Si el propio Jesucristo cuando era niño crecía en el desarrollo de sus habilidades sociales, ¡cuánto más nosotras deberíamos desarrollar estas habilidades!

Jesús seguía creciendo en sabiduría y estatura, y gozaba más y más del favor de Dios y de la gente. (Lucas 2:52)

Para ser compasivas o empáticas debemos usar el modelo de Jesús, un modelo que no es fácil de seguir pero que es el que debemos imitar: ser como Jesús en toda nuestra manera de vivir y así servirnos unos a otros, soportarnos, edificarnos, perdonarnos, sostenernos y amarnos mutuamente. Seamos mujeres semejantes a Jesús.

Debemos ponernos en el lugar de los demás

Acuérdense de los presos, como si ustedes estuvieran presos con ellos. Acuérdense también de los que son maltratados como si ustedes mismos fueran los que sufren. (Hebreos 13:3)

¿Qué estaba pidiendo el autor de Hebreos? ¿No es esto un llamado a la empatía?

El amor que expresamos como hijas de Dios no es mera emoción y sentimiento, sino que son acciones concretas que se expresan por el compromiso que tenemos con nuestro amado Padre, y si pensamos en el inmenso amor de Dios y cómo nos ama, eso nos inspirará para hacerlo de la misma manera. Nuestro amor hacia los demás no solo debe producir empatía y deseo por tomar el lugar del otro, debe expresarse de forma práctica, de tal manera que vaya más allá de solo sentir.

En el texto mencionado tenemos dos ejemplos de casos extremos, y que fueron mencionados porque la iglesia en aquel tiempo estaba descuidando la hospitalidad. Anhelemos tener el mismo sentir frente a cada circunstancia de necesidad actuando con compasión y entrega, y mirando esa situación de mi prójimo con misericordia y un profundo deseo de servirlo.

Jesús indicó que el segundo mandamiento más importante es «Ama a tu prójimo como a ti mismo». Nuestro prójimo es cualquier persona que tengamos cerca, y no me refiero solamente a nuestra familia o amigos, sino a cualquier persona que esté próxima a nosotras.

En cuanto al cuerpo de Cristo, es decir, la Iglesia, también debemos ser empáticas; cada una de nosotras tenemos una función específica, pero todas crecemos según la función de cada miembro y cuando hay una parte que siente dolor, todo el cuerpo sufre.

Si un miembro sufre, los demás miembros sufren con él; y si un miembro recibe algún honor, los demás se regocijan con él. (1 Corintios 12:26)

Nuestra unidad en Cristo debe ser a tal punto que el dolor que sienta uno lo sintamos todos. Debemos pedir gracia al Señor para pensar en las necesidades presentes y que nos muestre formas y planes para actuar, porque mientras estemos en el cuerpo, estamos afirmadas en las mismas necesidades y sufrimientos de los otros. Es ahí donde debemos ayudar como nos gustaría ser ayudadas.

Si alguien se alegra, alégrense con él; si alguien está triste, acompáñenlo en su tristeza. (Romanos 12:15)

Crisóstomo observó que se requiere más gracia para gozarnos con los que se gozan que para llorar con los que sufren. Eso es a causa de nuestra naturaleza, que nos capacita para llorar con otro ser humano cuando está pasando por alguna dificultad. Pero ¿qué pasa cuando debemos regocijarnos con alguien que se goza? Muchas veces el corazón se conflictúa porque puede ser atacado por la envidia. ¡Claro, si nuestro corazón es engañoso y perverso! Es por ello que debemos estar revestidas de la gracia de Dios, así nos mantendremos libres de cualquier sentimiento pecaminoso y podremos gozarnos cuando otra persona se goce. Es la manera en que reflejamos a Cristo.

El modelo es Jesús

En una oportunidad, Jesús se apartó al desierto para orar, y cuando las multitudes se enteraron dónde estaba lo siguieron para llevarle muchos necesitados, tales como cojos, ciegos, moribundos y endemoniados, y la Biblia lo menciona:

Cuando Jesús llegó, encontró que una vasta multitud lo esperaba y, compadecido, sanó a los enfermos. (Mateo 14:14)

La compasión es empatía

Jesús tuvo compasión de la multitud, liberó a muchos endemoniados y sanó a quienes estaban enfermos. Él se compadece de nuestras necesidades espirituales, físicas y materiales, y aunque muchas veces hemos pensado que en medio de nuestro sufrimiento el Señor está lejos, tiene su atención y sus ojos puestos en nuestras vidas. Su corazón se muestra compasivo en medio de nuestras enfermedades y dificultades. La compasión es empatía.

Al contrario de lo que podríamos haber hecho muchas de nosotras, Jesús no solo estuvo dispuesto a orar sino que estuvo dispuesto a actuar. Debemos dejar de lado aquellos pensamientos limitantes que solo nos dejan en medio de una oración; la oración es importantísima y siempre debe estar presente ante cada necesidad, pero junto con ella necesitamos movernos, actuar, salir de nuestra zona de confort cuando otros nos necesitan, renunciar a nuestros espacios y tiempos para poder involucrarnos de verdad con el otro.

Somos pecadoras arrepentidas siendo día a día santificadas, y debemos estar dispuestas a esperar los problemas y reaccionar a ellos de manera digna del evangelio, practicando los mandatos «unos a otros».

[...] que se amen unos a otros [...] (Juan 13:34)

Ámense con cariño de hermanos y deléitense en el respeto mutuo. (Romanos 12:10)

Vivan en armonía unos con otros [...] (Romanos 12:16)

[...] Más bien sírvanse unos a otros con amor. (Gálatas 5:13)

Y la lista sigue, recordándonos que no solo debemos mirar las necesidades a la distancia, sino que debemos anhelar tener el corazón de Jesús, que fue movido por lo que vio y se apasionó por cambiar las cosas.

¿Cómo puedo comenzar a ser más empática?

- Aprende a escuchar y a comprender los sentimientos del otro sin estar pendiente de ti misma y de tus palabras.

- No utilices solo palabras para consolar: un abrazo, una palmada en el hombro, un beso o una caricia siempre son buenos. Las palabras tendrán mayor significado cuando vayan acompañadas de una acción.

- Exprésate con delicadeza y cortesía.

- Si alguien se siente triste, contágialo con alegría. Una sonrisa siempre es buena.

- Siempre ten tu corazón sensible a la voz de Dios, él siempre te dará las herramientas necesarias para ayudar y animar al otro.

Preocúpate por otros de la misma manera en que Dios lo hace por ti, procura tener un corazón atento para buscar siempre la manera de servir a otros y pídele al Señor que te ayude a ver las necesidades de quienes te rodean; su gracia te guiará para interesarte y apoyar sus vidas. Toma esa responsabilidad de edificar y servir a otros.

El oído para oír y los ojos para ver son obras de la creación del Señor. (Proverbios 20:12)

Dios te dio oídos para escuchar atentamente y ojos para mirar con misericordia. ¡Utilízalos!

Para reflexionar

Dios está llevándonos a mirar más allá de nuestra propia necesidad. Ora al Señor para que pueda mostrarte de qué manera puedes entregarte más a los otros y pídele que te muestre esas áreas en las que debes mejorar.

Es tiempo de meditar y examinarnos:

- De 1 a 10, ¿cuán empática eres?

- ¿Cuándo fue la última vez que identificaste que alguien se sentía mal sin haberlo dicho con palabras? ¿Qué hiciste?

- ¿Identificas a alguien de tu círculo cercano que consideras empática o empático? Descríbelo.

Decide ponerte en el lugar del otro, amarlo, animarlo y soportarlo como Jesús lo haría.

Descarga en ***www.e625.com/extras*** la *Guía de Trabajo Grupal* correspondiente a este capítulo.

CAPÍTULO 9

CUIDADO CON LOS DETONANTES Y LA NDA

Reina de los camaleones sociales, dominé el arte de decirle a la gente lo que querían escuchar y ser alguien a quien encontraran impresionante, mientras me preocupaba incesantemente por lo que los demás pensaban de mí, temía las críticas y me reprimía como resultado. (Sacha Crouch)

Sabemos que en un día común y corriente experimentamos una gran variedad de emociones, e inclusive en un mismo día podemos pasar varias veces de un estado emocional a otro, de la alegría a la tristeza o de la satisfacción a la frustración y viceversa. Identificar detonantes en nuestra vida es clave para para una buena salud emocional.

Un detonante o *trigger* —como se dice en inglés— es una situación o evento que experimentamos en el presente y que tiene la posibilidad de activar una o más emociones. Un detonante emocional puede ser cualquier cosa: algún recuerdo, una canción, un olor, es decir, cualquier evento que detone, desencadene o dispare una reacción emocional intensa, independientemente del estado de ánimo en el que nos encontremos.

Un detonante tiene la capacidad de que se sienta frustración, enojo y ansiedad. Pero también pueden ser positivos: por ejemplo, el ser reconocido públicamente por un buen trabajo probablemente detonará sentimientos de alegría, pero en este caso me

enfocaré en los detonantes negativos porque son los más difíciles de manejar y superar.

¿Cómo identificar un detonante emocional?

Como señalé antes, prácticamente cualquier situación puede traer consigo un detonante emocional, por lo que prestar atención a nuestros cambios de estado emocional será decisivo a la hora de determinar cuáles son los eventos que más nos generan reacciones emocionales intensas. Se trata de un aprendizaje, ya que si te pregunto qué es lo que habitualmente te produce enfado, seguramente lograrás identificar eventos repetitivos que te han generado esa respuesta emocional. Identificar el detonante del enfado te permitirá estar alerta cuando este vuelva a aparecer, y así podrás gestionar tu emoción con mayor facilidad.

A continuación, te mencionaré algunas situaciones o eventos que tienden a ser detonadores emocionales intensos:

- Ser rechazada
- Ser traicionada
- Ser ignorada
- Recibir un trato injusto
- Ser decepcionada
- Ser criticada
- Perder el control de una situación
- y un largo etcétera.

Identificar los detonadores será de gran utilidad para gestionar nuestras emociones, pero no siempre será la solución al problema. En nuestra búsqueda de salud emocional debemos examinarnos de manera tal que podamos seguir nuestras emociones hasta el origen. Un detonador no necesariamente es el origen: si identificamos que el rechazo es un detonador de emociones intensas, será necesario preguntarnos por qué nos afecta tanto que nos rechacen. ¿Es la crítica en sí misma un detonante? Absolutamente no. Si la crítica nos desarticula es porque el problema es otro, y muy probablemente sea un problema de identidad. En este sentido, a continuación, quiero abordar un estado que nos predispone a generar varios detonadores negativos que podrían estar dinamitando tu salud emocional.

Necesidad de aprobación (NDA)

La *necesidad de aprobación* (NDA de ahora en adelante) es un rasgo de personalidad en el que una persona tiene una tendencia habitual a buscar y a estar motivada por la aprobación social de los demás.

Esta necesidad de aprobación es un proceso adaptativo natural, sobre todo en la etapa temprana y de desarrollo; de hecho, es vital para la construcción de nuestra personalidad y nuestras habilidades sociales. En nuestros primeros años de vida nos valemos de la aprobación de nuestros padres para identificar lo que está bien y lo que está mal, y a medida que vamos creciendo la aprobación toma mayor relevancia en nuestras habilidades sociales, ya que comenzamos a insertarnos en grupos de interés como la escuela, grupos deportivos, etc. En este sentido, es indudable que la aprobación externa en edad temprana juega un papel determinante en la construcción de nuestra identidad, ya que en esta etapa del desarrollo, la opinión de los demás guía nuestro camino e influye en nuestras creencias y valores y en nuestra autoestima.

> Si la necesidad de aprobación se encuentra en etapas en donde la persona ya debería haber construido su identidad, podríamos hablar de una necesidad de aprobación perjudicial

La necesidad de aprobación tiene grandes componentes adaptativos, ya que somos seres sociales y por tanto, y hasta cierto punto, es normal y saludable buscar aprobación en ciertas situaciones. En este sentido, es preciso hacer la diferencia entre *aprobación adaptativa* —la que puede estar presente en cualquier etapa de nuestras vidas— y la *necesidad de aprobación* —que solo debería estar en las etapas de desarrollo—. Si la necesidad de aprobación se encuentra en etapas en donde la persona ya debería haber construido su identidad, podríamos hablar de una necesidad de aprobación perjudicial. Esto nos lleva a la pregunta: ¿dónde está el límite?

Cuando descubrimos que la necesidad de aprobación es algo imprescindible para nuestra vida y nos lleva a actuar de una determinada manera, guiadas por el miedo al rechazo externo, estamos frente a una necesidad de aprobación perjudicial.

No tiene nada de malo pedir opiniones a los demás para tomar una decisión, como tampoco hay nada de malo en adaptarse a un grupo social al que queremos pertenecer; sin embargo, cuando todo lo que hacemos es para buscar la aceptación del resto (llevándonos incluso a actuar de una forma que no somos), es posible que hayamos cruzado la línea entre lo perjudicial y lo dañino.

Cuando la NDA es excesiva y perjudicial

La NDA puede ser como una droga que te atrapa y te hace dependiente. Cuando existe una NDA tendemos a valorar las creencias, opiniones y necesidades de los demás por encima de las nuestras, y esto es lo que nos hace actuar como personas que en realidad no somos (e incluso, la opinión que otros tienen de nosotras es más importante que nuestra propia opinión sobre nosotras mismas). Así, ser desaprobadas o rechazadas puede ser tremendamente doloroso, lo que podría llevarnos a que todos nuestros procesos de toma de decisiones sean asumidos en virtud de que otros te aprueben o acepten. Personas con NDA pueden llegar a escoger carreras universitarias para ser aceptadas por otros o pueden poner todos sus esfuerzos en conseguir ciertos objetivos profesionales solo por el hecho de ser aceptados o admirados, entre otros ejemplos.

Una de las características de las personas con NDA es que, en el fondo, son personas muy inseguras, vacías y poco realizadas, que solo encuentran satisfacción en algún tipo de alabanza, aplauso o aprecio.

Comportamientos que dan cuenta de una NDA

Recuerdo a una joven con NDA que era muy activa en redes sociales. Llamaba la atención la cantidad de fotografías que subía a sus redes, y muchas de ellas iban acompañadas de versículos bíblicos que costaba bastante trabajo asociar con sus fotografías, lo que me llevó a preguntarle qué buscaba al publicar imágenes suyas con versículos bíblicos. La verdad es que esta chica no tenía una explicación de su comportamiento y tampoco veía nada de malo en esa acción; es más, los *likes* que recibía los interpretaba como una validación de su manera de expandir el reino de Dios. Este tipo de situaciones es bastante común, ya que las personas con NDA no siempre son conscientes de cuán cautivas están de la aprobación de los demás. Tal vez la participación en redes sociales es una forma fácil de identificar cuando alguien va tras un *like*, sin embargo, existen otros comportamientos que también dejan en evidencia esta necesidad excesiva.

Algunos comportamientos que podrían evidenciar una NDA son los siguientes:

- Molestarte o sentirte insultada cuando alguien no está de acuerdo contigo
- Sentirte deprimida o angustiada cuando no aceptan lo que haces

- Expresar que estás de acuerdo con alguien a pesar de que no lo estés

- No saber decir *no* a los demás por temor al rechazo y terminar haciendo algo que no quieres hacer

- Crear conflictos o chismes para llamar la atención de los demás

- Buscar oportunidades para destacar, solo para llamar la atención de los demás

- Fingir que conoces o manejas un determinado tema solo por el miedo a admitir que hay algo que no sabes

- Justificar demasiado lo que haces para que la otra persona te apruebe y te dé la razón

- Cambiar de opinión según el contexto en el que estés por temor a ser cuestionada

- Intentar persuadir a las personas para que te hagan cumplidos

- Mirar compulsivamente cuántos *likes* o nuevos seguidores tienes en tus redes sociales o publicaciones

- Dejar de ser quién eres solo para llamar la atención

- Sentir un profundo deseo de que todos te quieran o quieran ser tus amigos

En general, cualquier comportamiento que no esté de acuerdo con tu identidad o propósito puede estar motivado por una profunda necesidad de aprobación.

¿Qué emociones detona la NDA?

Tal como te mencioné anteriormente, la NDA es un estado que te predispone a ciertas emociones negativas, y es por esta razón que se la considera un estado detonante y necesitamos trabajarla.

Cuando digo que la NDA es un estado que nos predispone a generar detonantes es porque ella contribuye al desarrollo de pensamientos distorsionados de la interacción social y de su retribución. Por ejemplo, una persona con NDA tenderá a pensar que si antepone las necesidades de otros a las propias, entonces cuando necesite de otros ellos harán lo mismo con ella, pero si esto no ocurre, estará propensa a la decepción y la frustración.

La NDA dinamita la autoestima y la autoconfianza, ya que el bienestar o malestar depende de los otros, perdiendo así la autonomía e incrementado el riesgo de dependencia emocional. Por su parte, la dependencia emocional limita el autodesarrollo e incrementa la intensidad y frecuencia de emociones como ansiedad, tristeza, miedo o enfado.

Así, la NDA podría ser la verdadera detonadora de emociones como:

- El **temor** al rechazo
- El **miedo** a ser criticada
- **Frustración** por no vivir nuestra propia vida
- **Celos** por el **temor** de perder a alguien del cual se depende emocionalmente
- **Envidia** por no tener lo que otros tienen
- entre otras.

Entonces, ¿cómo podemos salir de las garras de la NDA?

Cristo, fuente de satisfacción

Si al leer este capítulo te has sentido identificada por alguna de las características que tiene alguien con necesidad de aprobación, lo primero que quiero decirte es que mientras haya vida hay esperanza, es decir, podemos ser transformadas. Todas las que estamos leyendo este libro somos personas imperfectas que fuimos rescatadas por Dios; estábamos perdidas y sin rumbo, y un día a Dios le plació llamar nuestra atención y hemos llegado hasta aquí, solo por su gracia y amor. Por esto, te animo a seguir a Cristo, sin decaer ni desistir.

Por medio de la ayuda del Espíritu Santo, podemos cambiar nuestros pensamientos y estructuras mentales

El temor al hombre es una trampa peligrosa, pero la confianza en el Señor trae seguridad. (Proverbios 29:25)

No se amolden a la conducta de este mundo; al contrario, sean personas diferentes en cuanto a su conducta y forma de pensar. Así aprenderán lo que Dios quiere, lo que es bueno, agradable y perfecto. (Romanos 12:2)

Podemos eliminar el estado de NDA por medio de la renovación de nuestro entendimiento; esto implica que, por medio de la ayuda del Espíritu Santo, podemos cambiar nuestros pensamientos y estructuras mentales. Ahora, no es suficiente con comprender el problema a nivel intelectual, sino que también se requiere que nos examinemos a fondo y cuestionemos nuestras verdaderas intenciones.

Quisiera aportar algunos simples consejos para que los tengas en cuenta y así ayudar en este proceso:

- Tu propósito, valores y creencias pueden diferir de los de otras personas.

- Intenta siempre ser auténtica y que tu único modelo a seguir sea Jesucristo.

- Seas quien seas, no siempre le agradarás a todo el mundo. No importa cuántas virtudes tengas, siempre habrá alguien que podría criticarte o desaprobarte.

- Nadie te conoce como Dios. Creer que los demás tienen la verdad sobre ti es un error, y recuerda que una persona con NDA se preocupa excesivamente por la opinión que otros tienen sobre ella.

- Toma tus propias decisiones en base a tu identidad de hija de Dios y tu propósito en esta vida.

- No necesitas demostrarle nada a nadie, basta con esforzarte en amar a Dios con todo tu corazón, con toda

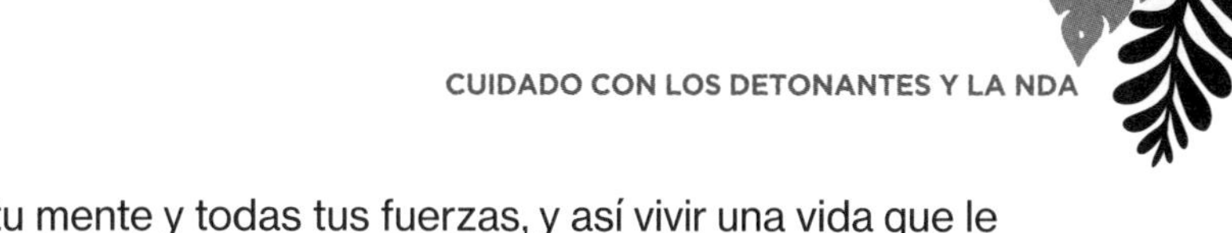

tu mente y todas tus fuerzas, y así vivir una vida que le agrade a él.

Por lo tanto, procuramos siempre agradarle, ya sea que estemos en este cuerpo o que ya no estemos en él. (2 Corintios 5:9)

Finalmente, quiero decirte que también es probable que, así como buscas la aprobación en las personas, también lo hagas con Dios. Pero déjame decirte algo para que quede guardado en tu corazón: por más que nos esforcemos por alcanzar esa aprobación, nunca lo lograremos por nuestra propia cuenta, ya que era y es imposible para el hombre ser aprobado por sus propios méritos. La única forma de recibir la aprobación de Dios era que alguien perfecto como Jesucristo hiciera un intercambio por nosotras. ¡Y así fue! ¡Aleluya!

Ahora eres aprobada por Cristo y tu valor solo lo encuentras en él.

Para reflexionar

Quiero animarte a que puedas orar y al mismo tiempo pedirle a Dios que te revele cualquier área en tu vida que esté enfocada en agradar a otros.

- De los detonantes emocionales mencionados, ¿reconoces algunos en tu vida?

- ¿En qué medida te identificas con la necesidad de aprobación (NDA)?

- ¿Alguna vez has tenido dependencia emocional hacia alguna persona? ¿Cómo lo identificaste y cómo lograste salir de ella?

Descarga en ***www.e625.com/extras*** la *Guía de Trabajo Grupal* correspondiente a este capítulo.

CAPÍTULO 10

VICTIMISMO: UN ENEMIGO EMOCIONAL

Ustedes saben que está escrito: «Ojo por ojo y diente por diente». Pero yo les digo: No paguen mal por mal. Si los abofetean en la mejilla derecha, presenten la otra. Si los llevan a juicio y les quitan la camisa, denles también el abrigo. Si los obligan a llevar una carga un kilómetro, llévenla dos kilómetros. Denle al que les pida, y no le den la espalda al que les pida prestado. (Mateo 5:38-42)

En los capítulos 5, 6 y 7 del evangelio de Mateo encontramos lo que se denomina *el sermón de la montaña*, en el cual Jesús nos declara los términos y la justicia del reino de Dios. A modo de un resumen un poco pretencioso, podríamos decir que el sermón del monte nos invita a:

- Dejar de practicar la injusticia

- Practicar la justicia

- Soportar la injusticia

En el pasaje vemos que Jesús expone situaciones en donde podríamos vivir injusticias de distinto tipo. En tal caso, lo que él espera de nosotras es que, en vez de rechazar tal injusticia, la soportemos y respondamos con perdón y misericordia. Si lo pensamos detenidamente esto es algo difícil, y tal vez estarás diciendo: «¡Es demasiado para mí!». Es cierto que el camino que nos ofrece Jesús no es un camino fácil (de hecho, es un camino de renuncia, abnegación y muerte) y debemos aceptar que para todas nosotras poner la otra mejilla es algo dificilísimo, pero en este capítulo quiero hablarte de un estado que podría significar un obstáculo que te impida crecer en Cristo: me refiero al *victimismo*, una estrategia que te hará imposible ver a Dios en momentos de adversidad.

En este camino de las emociones existen enemigos emocionales que están esperando una oportunidad para atacarte, produciendo así daño y confusión, dejándote presa sin que encuentres una salida o bien siendo un estorbo en tu caminar en Cristo. Uno de esos enemigos es el victimismo, que es la tendencia de una persona a considerarse víctima o hacerse pasar como tal.

Una persona que tiene tendencia al victimismo presenta cierta dificultad para autorregularse cuando enfrenta alguna situación de ambigüedad social y, por lo tanto, se ve sobrepasada por sus emociones. Su percepción de sí misma es como de víctima afectada por unos hechos que han acontecido, independientemente de cómo estos hayan sucedido. Es importante no confundir victimismo con *autocompasión*, que, como la define Eric Davis en uno de sus artículos, «es la sensación de lástima por uno mismo, alimentada por un alto concepto de sí, una visión baja de Dios y una actitud de orgullo». Dos conceptos muy similares pero que al profundizar, cada uno resultan ser casi opuestos.

¿Qué es el victimismo?

El victimismo es una forma tóxica de estar en el mundo, en la cual no se acepta la responsabilidad de las acciones o actitudes viviendo en una queja constante. Es una forma habitual de ver la vida y una orientación automática hacia las situaciones que se viven como injustas, viéndolas como mala suerte o como aprovechamiento de las demás personas hacia uno mismo.

El victimismo busca evadir nuestra responsabilidad personal frente al propio sufrimiento; no quiere comprenderlo, sino que lo usa para justificarnos y, de paso, culpar a otros de lo que nos pasa. Se utiliza como medio para sustentar o argumentar los errores, es una conducta en la que el dolor se puede convertir en un pretexto, incluso para hacer daño a otros. De esta manera, quien se victimiza protege su autoestima a corto plazo. Algunas de sus frases típicas son:

- «¿Qué he hecho para merecer esto?»
- «¿Por qué a mí?»
- «Esto es injusto, no lo merezco»
- «No me toman en cuenta»
- «Tengo mala suerte, siempre me pasa lo mismo»
- «Pobre de mí»
- «Nunca me va bien»
- «No valoran lo que soy ni lo que hago»

¿Te parece conocido? Es probable que a medida que avancemos vayas identificando este tipo de conductas en personas que tengas cerca, o te des cuenta de que tú misma has practicado el victimismo.

> *Una persona victimista es como un barco a la deriva. Está expuesto al oleaje, al viento y a cualquier vicisitud del entorno. No tiene un timón para dirigir el barco, tampoco dispone de velas con las que poder usar el viento a su favor. Vive a expensas de que el mundo le trate bien. (Laura Vélez)*

El victimismo es una forma tóxica de estar en el mundo, en la cual no se acepta la responsabilidad de las acciones o actitudes viviendo en una queja constante

Como podemos ver, el victimismo lleva a la persona a pensar solo en sí misma, a enfrascarse en sus dolores pasados sin pensar en nadie más y sin ver nada más. Hay personas que tienen esa tendencia de verse a sí mismas como víctimas de todo tipo de desgracias y su percepción del mundo siempre es negativa y hostil; cuando ven las acciones de quienes

les hicieron algún daño, todo lo ven con malicia. ¡Qué complejo es llevar una vida así!

Muchas mujeres están secuestradas por este enemigo emocional, exteriorizando todo peso que tengan en su mente y atribuyendo todas sus «desgracias» o aquellas cosas que no pueden controlar a otras personas. Para quienes no conocen al Señor este puede ser un estilo de vida, pero ¿qué pasa cuando vemos en medio de la iglesia a personas con comportamientos de victimismo? Necesitamos ayudarlas, ya que el victimismo les imposibilita ver el amor de Dios y sus cuidados hacia sus vidas a través de las adversidades o injusticias.

> El hecho de no entender una determinada situación o que creamos que esta carece de todo sentido no significa que Dios no está ahí

Debemos tener cuidado con algunas tendencias teológicas que están cargadas de humanismo, ofreciendo el evangelio como si se tratara de un seguro contra accidentes o un plan de beneficios que nos garantiza una vida sin problemas y llena de bendiciones. Es cierto que en Cristo estamos colmadas de bendiciones, pero también es cierto que las aflicciones y las dificultades de la vida son parte del trato de Dios hacia nosotras y, tal vez, este tipo de situaciones son las que más nos hacen crecer en él. Si la vida del cristiano fuera una vida libre de dificultades, sería necesario arrancar de nuestra Biblia algunos versículos como los siguientes:

Yo les he dicho estas cosas para que en mí encuentren paz. En este mundo van a sufrir, pero anímense, yo he vencido al mundo. (Juan 16:33)

El bueno no está libre de tribulación; también tiene sus problemas, pero en todos ellos lo auxilia el Señor. (Salmos 34:19)

Al contrario, alégrense de tener parte en los sufrimientos de Cristo, para que también se alegren muchísimo cuando se muestre la gloria de Cristo. Dichosos ustedes si los insultan por causa de Cristo, porque el glorioso Espíritu de Dios está siempre con ustedes. (1 Pedro 4:13-14)

Oro para que en los momentos de mayor dificultad que vivamos en la vida podamos ver a Dios actuando con amor, misericordia y cuidado de nosotras. El hecho de no entender una determinada situación o que creamos que esta carece de todo sentido no significa que Dios no está ahí: él está en toda situación con nosotras.

¿Por qué alguien se victimizaría?

El victimismo en realidad es una estrategia utilizada para ocultar emociones negativas como el enfado, la rabia, la indiferencia, la apatía o la culpabilidad. Una persona victimista solo está enfocada en sí misma, no se da un espacio para pensar en nadie más que en sus propios problemas; hay una raíz de egoísmo que le impide ver la necesidad del otro. El victimismo es atractivo porque en el corto plazo ofrece consecuencias «positivas» para el victimista.

Estos son algunos de los atractivos que el victimismo ofrece:

- Permite no asumir la responsabilidad de nada

- Permite culpar a otros por la vida que tienen

- Facilita llamar la atención de la gente

- Permite obtener compasión y simpatía de parte de los demás

- Permite reafirmar el derecho a quejarse y a demostrar tristeza

- Se utiliza como método para obtener lo que se quiere

- Permite manipular a otras personas

Cada etapa de nuestra vida nos plantea el desafío de asumir nuevas responsabilidades: etapa estudiantil, trabajo, matrimonio, hijos, iglesia, etc. Esto asusta a quienes utilizan el victimismo como medio de protección y les ofrece la posibilidad de evitar correr riesgos. Está muy relacionado con la falta de fe.

El victimista creerá que la vida está en su contra y se sentirá carente de herramientas para hacerle frente, lo que además le generará impotencia y frustración. Esta persona se sentirá atraída por personas murmuradoras que culpan a los demás y se quejan de sus vidas.

Se puede alcanzar libertad

El victimismo es un comportamiento aprendido; dicho de otra forma, no nacemos así, es algo que aprendemos durante nuestra vida, y es en ocasiones fomentado por situaciones traumáticas o por quienes nos rodean. Por lo tanto, tenemos la posibilidad de modificar esta conducta si nos arrepentimos y nos volvemos a Cristo.

Si de veras han escuchado acerca del Señor y han aprendido a vivir como él, saben que la verdad está en Jesús. Por ello, quítense, como si se tratara de ropa vieja, su naturaleza tan corrompida por los malos deseos. Renueven sus actitudes y pensamientos; sí, revístanse de la nueva naturaleza que Dios creó, para que sean como él, verdaderamente justos e íntegros. (Efesios 4:21-24)

Por lo tanto, si alguien está unido a Cristo, es una nueva creación. ¡Lo viejo ha quedado atrás y lo nuevo ha llegado! (2 Corintios 5:17)

La nueva vida en Cristo es un proceso que comienza cuando nos arrepentimos y nos entregamos a él (Hechos 3:19). En esta nueva vida, Pablo exhorta a los efesios a dejar de vivir como vivían antes de conocer a Cristo. La nueva vida proviene de una transformación realizada por Dios a través del evangelio que implica despojarnos de la antigua manera de vivir, renovar nuestra mente y vestirnos de la nueva vida en Cristo. Es un proceso guiado por Dios.

En este proceso, Pablo insta a los efesios a:

- Quitarse la naturaleza corrompida

- Renovar las actitudes y pensamientos
- Revestirse de la nueva naturaleza

Si a esto lo llevamos a nuestro plan de gestión emocional, diría que el proceso sería:

Identifica si hay victimismo en tu vida

Si lo hay, analiza las razones de por qué lo haces y cuáles son los efectos que este ha producido en tu vida

Define si el victimismo es una manera saludable de vivir y si glorifica a Dios (te ayudaré un poquito: no, no agrada a Dios)

Reacciona con arrepentimiento y sigue este plan de acción tomando como referencia las indicaciones de Pablo:

- Quitarte la ropa vieja
- Renovar tu mente y actitudes
- Ponerte la ropa nueva

Quítate la ropa vieja y ponte la nueva 

El propio Pablo les da ejemplos muy claros a los efesios respecto de lo que significa despojarse de la antigua manera de vivir.

Dejen, por lo tanto, la mentira; díganse la verdad unos a otros siempre, porque somos miembros de un mismo cuerpo. (Efesios 4:25)

El que era ladrón, deje de robar; al contrario, trabaje honradamente con sus manos para que tenga con qué ayudar a los que estén en necesidad. (Efesios 4:28)

Arrojen de ustedes la amargura, el enojo, la ira, los gritos, las calumnias y todo tipo de maldad. Al contrario, sean bondadosos entre ustedes, sean compasivos y perdónense las faltas los unos a los otros, de la misma manera que Dios los perdonó a ustedes por medio de Cristo. (Efesios 4:31-32)

En estos textos podemos ver con claridad y de forma práctica lo que Pablo espera de una persona que ha nacido de nuevo, esto es, dejar la antigua manera de vivir y comenzar a vivir la nueva vida en Cristo.

QUITARSE LA ROPA VIEJA		PONERSE LA ROPA NUEVA
EFESIOS 4:25	Dejar de mentir	Hablar verdad unos a otros
EFESIOS 4:28	Dejar de robar	Trabajar honradamente y ayudar a los que tienen necesidad
EFESIOS 4:31-32	Arrojar de nuestras vidas la amargura, el enojo, la ira, los gritos, las calumnias y todo tipo de maldad	Ser bondadosas, compasivas, perdonadoras

Renueva tu mente

No se amolden a la conducta de este mundo; al contrario, sean personas diferentes en cuanto a su conducta y forma de pensar. Así aprenderán lo que Dios quiere, lo que es bueno, agradable y perfecto. (Romanos 12:2)

El apóstol Pablo nos indica que la renovación de la conducta vendrá de la mano con una renovación en nuestra manera de pensar. Esta renovación de nuestro pensamiento también es un proceso, que implica despojarse de todas aquellas estructuras mentales sobre las que construiste tu manera de vivir durante todos los años antes de conocer a Cristo. El mismo Pablo se refiere a estas estructuras mentales como fortalezas y argumentos que debemos derribar y llevarlos cautivos a la obediencia a Cristo.

Sí, es cierto, vivimos en este mundo, pero nunca actuamos como el mundo para ganar nuestras batallas. Para destruir las fortalezas del mal, no empleamos armas humanas, sino las armas del poder de Dios. Así podemos destruir la altivez de cualquier argumento y cualquier muralla que pretenda interponerse para

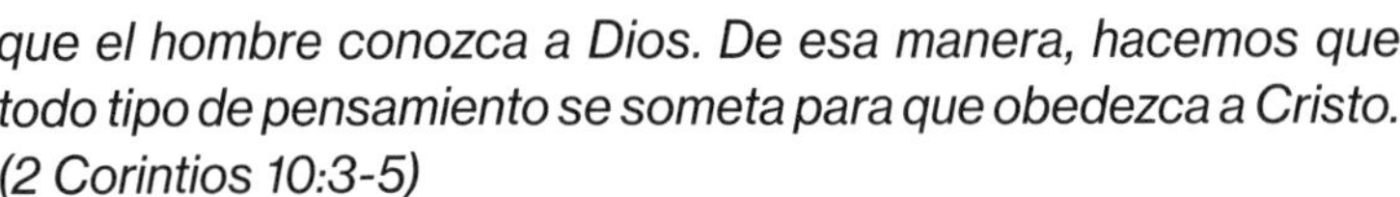

que el hombre conozca a Dios. De esa manera, hacemos que todo tipo de pensamiento se someta para que obedezca a Cristo. (2 Corintios 10:3-5)

Ahora, al igual que en el caso del libro de Efesios, no se trata solamente de despojarse de cierta manera de pensar o de actuar, sino también de adquirir una nueva manera de pensar y vivir. El propio Pablo se refiere a esto:

Por último, hermanos, piensen en todo lo que es verdadero, todo lo que es respetable, todo lo justo, todo lo puro, todo lo amable, todo lo que es digno de admiración; piensen en todo lo que se reconoce como virtud o que merezca elogio. (Filipenses 4:8)

Sé que estoy hablando del victimismo, sin embargo, llegando al final de este capítulo quiero fortalecer la idea de la necesidad de despojarnos de pensamientos que son un estorbo en nuestras vidas y que generan un muro difícil de derribar. Cuando me entregué a Cristo a los 18 años, de manera conceptual tenía en claro que Dios había perdonado todos mis pecados; sin embargo, mi mente estaba llena de pensamientos de temor, acusación y culpa. Mis padres estaban separados y eso había generado en mí mucha inseguridad, al punto de pensar que, si en algún momento llegaba a formar una familia, seria víctima de la infidelidad como lo había sido mi madre. Ese pensamiento de temor era constante en mí, y a pesar de haber tomado la decisión de vivir una nueva vida en Cristo luchaba con los pensamientos de las vivencias pasadas que estaban llenas de celos, dependencia emocional y relaciones desordenadas.

Cristo me había hecho nueva, pero mis pensamientos me acusaban y me decían que por más que anhelara una nueva vida y nuevas oportunidades, no podría alcanzarlo.

El cambio de mente no fue automático, pero a medida que me entregaba a Cristo y abría mi corazón respecto de cómo me sentía, fue de tremenda liberación para mí. Me rodeé de otras personas que seguían a Cristo de forma seria, busqué modelos inspiradores para seguir y comencé a caminar en una relación de discipulado con personas maduras que me ayudaron a canalizar hacia Cristo mis temores. La palabra de Dios es clave en la renovación de nuestras mentes, ya que el enemigo no perderá la oportunidad de dañarte y bombardearte con recuerdos e ideas destructivas, pero si implementas una vida disciplinada de estudio de la Palabra, el Espíritu Santo pondrá pensamientos de bien en tu mente. ¡No te canses de hacer el bien, que a su tiempo segarás si no desmayas! (Gálatas 6:9)

Para reflexionar

Considerando lo que te he compartido, ora y medita sobre lo siguiente:

- ¿Identificas algún pensamiento de tu vida antes de Cristo que aún sigue en tu mente?

- ¿Hay algo en tu vida de lo cual sientas que el Espíritu Santo te está pidiendo te despojes?

Decide vivir la nueva vida que Dios tiene para ti: la vida de Cristo.

Descarga en **www.e625.com/extras** la *Guía de Trabajo Grupal* correspondiente a este capítulo.

CAPÍTULO 11

CUANDO EL TEMOR Y LA TRISTEZA TE INMOVILIZAN

No temas, pues yo estoy contigo, no te desanimes. Yo soy tu Dios, yo te fortaleceré, yo te ayudaré, yo te sostendré con mi triunfante mano diestra. (Isaías 41:10)

Aunque queramos evitarlo, el temor llega, tarde o temprano, y se hace notar porque es poderoso y contagioso. El temor no discrimina edad, ya que puede presentarse desde la niñez hasta la etapa adulta; de alguna forma, el miedo es común en medio de la humanidad y al igual que el amor trasciende tiempos, culturas y géneros.

El miedo es una de las emociones más básicas relacionadas con el ser humano y está asociado a su instinto de supervivencia, acompañándolo para advertirle de aquellos peligros que lo rodean. Sin darnos cuenta tememos a tantas cosas: tememos a perdernos, a enfermar, a vivir una crisis financiera, tememos a fracasar, a lo desconocido, etcétera. Esta lista seguiría sin parar, ya que hoy en día hay un miedo para todo.

A medida que vamos creciendo el temor va cambiando sus formas, pero nunca deja de entrometerse

A medida que vamos creciendo y pasando etapas el temor va cambiando sus formas, pero nunca deja de entrometerse. La mayor parte de los miedos que existen en nuestra sociedad son neuróticos —por decirlo de alguna manera—, ya que son miedos basados en construcciones mentales y no en amenazas reales, miedo por lo que podría suceder y no por lo que realmente está sucediendo.

Existen los temores que nos inculcan los demás, que son miedos aprendidos que están directamente relacionados con nuestros padres o con el entorno cercano, transmitiéndonos una serie de temores con los cuales no llegamos a este mundo. Esto nos explica el hecho tan interesante de que el ser humano, como el resto de los organismos vivos, está diseñado para aprender de su entorno y sobrevivir (para dar un ejemplo, si tu mamá le teme a los perros, desde pequeñas aprenderemos que debemos protegernos de este tipo de animales).

El psicólogo John B. Watson señalaba que todos los miedos que manifestamos son aprendidos y no innatos. Hay quienes dudan de esto, pero lo cierto es que, en el momento de llegar a la etapa adulta, llegamos con una mochila cargada de miedos que no teníamos en la niñez.

Lo importante de esto es entender que cuando hablo de miedos, no solo me refiero a aquellos que podemos sentir por los bichos, ratas, arañas y cosas así, sino que hay una gran parte de temores que se definen por entidades invisibles como miedo a hablar en público, miedo al rechazo, miedo al fracaso, miedo a defraudar a los demás; de esto iremos dándonos cuenta e iremos adquiriendo aprendizaje a medida que vayamos relacionándonos con los demás.

El miedo es un peso que debes soltar

Si bien el miedo es una sensación de alarma o alerta de extrema importancia para la sobrevivencia de los seres vivos y especialmente para el ser humano, existen diferentes tipos y niveles de miedos que pueden ir desde una ligera ansiedad hasta llegar a un pavor total. Cuando el miedo afecta profundamente al individuo (pudiendo llegar a afectarlo física, psicológica y socialmente) entonces ya estamos hablando de un problema mucho más profundo.

Creo que si nos ponemos a pensar en episodios de nuestra vida, podríamos llegar a la conclusión de que muchas veces no hicimos algo que realmente era importante para nosotras y que deseábamos, solo por el hecho de sentir miedo a lo que podría ocurrir. ¿Cuántas cosas podrían haberse hecho? Emprender un negocio, viajar a otro país, hablar en público, comenzar una relación sentimental, estudiar una carrera... Tantas cosas que dejaron de hacerse porque el miedo se apoderó de nosotras y nos paralizó.

Si gestionamos de forma disfuncional nuestro miedo entonces siempre estará frenándonos. Es importante que recuerdes que el miedo no es un problema, el problema está en lo que hacemos con él. Es posible que el miedo y el temor atrapen nuestros corazones cuando atravesamos alguna etapa que marca un hito en nuestra vida; generalmente ocurre cuando Dios permite que pasemos por alguna situación o que alguien que amamos la transite, y entonces nuestros corazones sentirán esa presión, ese frío intenso que nos deja sobrecargadas y paralizadas.

> Si gestionamos de forma disfuncional nuestro miedo entonces siempre estará frenándonos

En general, las personas constantemente están sintiendo miedo por todo: miedo a morir, a vivir, a quedarse solas, a las tragedias naturales, a que merme su belleza, al futuro, al pasado y más. Las personas en nuestra sociedad están dominadas por el miedo.

En el año 2019, cuando todo el mundo estaba viviendo una vida «normal», una pandemia impactó el planeta cual meteorito, cambiándolo todo; súbitamente, mascarillas, enfermos, muertes y encierro pasaron a formar parte de nuestras vidas. Un cambio inesperado sacó a la humanidad de su rutina y de un ajetreado

estilo de vida, llevándola a incorporar una «nueva normalidad» cargada de temores.

El miedo y la tristeza necesitan atención especial

Cuando pases por épocas complicadas no olvides tomarles la temperatura a tus emociones. Cada una de ellas necesita mucha atención, en especial el miedo y la tristeza; vigila y cuida de manera diligente la puerta de tus pensamientos y evita que ellos eleven la temperatura de la angustia.

En épocas de pruebas muchas de nuestras horas son tapizadas por el miedo y la tristeza (en especial por esta última). Creo que de todas las emociones una de las más nombradas entre nosotras las mujeres es la tristeza, ya que no es extraño preguntarle a alguna cómo está y que te responda que está con «depre».

La posibilidad de que te sientas identificada con esto es altísima porque cada una de nosotras ha estado alguna vez en ese momento en donde todo duele; no tenemos ánimo y lo único que te surge es lanzarte sobre tu cama para que las lágrimas salgan sin el menor esfuerzo. Hay días así, grises, sin colores que te animen o añadan una sonrisa; días de sinsabores que se convierten en un desafío y una lucha para atravesarlos.

En los momentos de tristeza ligera o profunda es importante poner atención, detenerte y comenzar a buscar de dónde viene ese dolor que está haciéndote sentir así.

¿Qué es la tristeza?

La tristeza es una de las emociones básicas que experimentamos los seres humanos y, como he mencionado antes, ninguna emoción es mala en sí misma mientras sea temporal; ahora, el peligro de toda emoción es que perdure en el tiempo, y que

no nos desprendamos de ellas al añadirles pensamientos y transformarlas en estados o sentimientos. La tristeza puede desencadenar estados de angustia, melancolía y malestar cuando alguna situación resulta desagradable para nosotras. Al igual que las otras emociones, esta puede variar en su intensidad, ya que depende de distintos factores de carácter personal y medioambiental.

De vez en cuando es natural que todas nos sintamos tristes; el problema surge cuando esos estados de tristeza se vuelven demasiados intensos y duraderos, llevándonos al borde de una crisis de ansiedad o a algún tipo de trastorno del estado de ánimo como la depresión.

De la vida de David podemos sacar muchas enseñanzas referidas a las pruebas; de él podemos aprender a ser honestas y totalmente abiertas con Dios. Si bien Dios conoce todo lo que sentimos y pensamos; él quiere saber de nuestra boca lo que nos pasa en nuestro interior.

> *¿Por qué voy a desarmarme y estar tan triste? Volveré y lo alabaré. ¡Es mi Dios y mi Salvador! (Salmos 42:11)*

Con apertura total, David abre su boca para expresar lo que siente, pero al mismo tiempo su consuelo está en que Dios es su roca firme sobre la cual puede edificar y refugiarse. Una y otra vez manifestaba a Dios lo que sentía y finalmente su fe vence, ganando la batalla.

La tristeza como emoción es informada y alimentada por nuestros pensamientos que están relacionados con algún hecho, y generalmente son pensamientos de desesperanza que en pocas circunstancias están afirmados en la palabra de Dios. Pero cuando nuestra mirada está fija en las cosas que son eternas, difícilmente un momento triste nos llevará a perdernos en lágrimas. Mirando a Cristo en el dolor podremos ver lo que nos espera en la eternidad; en los brazos del Padre no habrá llanto ni dolor, será su alegría la que nos abrazará.

Para gestionar estas emociones que generan peso y muchas veces nos paralizan, es importante que nos hagamos preguntas. Generalmente sentimos la emoción y pocas veces nos preguntamos *¿Por qué estoy sintiendo esto? ¿Qué es lo que está causándolo? ¿Por qué estoy triste? ¿Por qué tengo temor?*, y si no obtenemos respuesta por nosotras mismas, debemos acudir a Dios para que escudriñe nuestro corazón y nos muestre la causa.

Elizabeth Elliot definió el sufrimiento como tener algo que no se quiere o querer algo que no se tiene. ¡Cuánta verdad hay en estas palabras! Muchas veces nos vemos envueltas en sufrimientos porque no aceptamos nuestra realidad o simplemente permanecemos en estados de tristeza porque no tenemos algo que anhelamos.

¿Por qué estás triste? ¿Ha habido ocasiones en que tu tristeza ha sido solo una manifestación de queja que hay dentro de ti? ¿Qué está manifestando tu corazón? ¿Será que es una real tristeza o es algo más que está disfrazado?

La tristeza llegará tarde o temprano porque es la reacción que surge cuando perdemos a alguien o cuando vivimos una situación adversa. En ese momento no hay que huir de esa emoción porque es normal que tengamos esa reacción ante este tipo de circunstancias, pero cuando la tristeza se transforma en tu compañera de viaje y está ahí de manera constante, tomando el control de tu vida y de tu semblante, es tiempo de dar un giro y cambiar.

Identifica la raíz del miedo y la tristeza

Así como el miedo te alerta de un peligro, la tristeza te avisa que perdiste algo; por tanto, la pregunta que deberías hacerte al sentir miedo o tristeza es *¿Qué es lo que perdí? ¿De qué estás alertándome?*

Tanto el miedo como la tristeza son emociones básicas de supervivencia útiles para un desarrollo emocional sano, sin embargo, debemos poner atención y vigilar que no se queden tanto tiempo en nuestro hogar ya que podrían desencadenar estados depresivos o crisis que deriven del miedo.

> Cuando alguna de estas emociones se transforma en sentimientos, entonces estos nos atrapan, nos paralizan y entramos en un espiral de destrucción

Cuando alguna de estas emociones se transforma en sentimientos, entonces estos nos atrapan, nos paralizan y entramos en un espiral de destrucción. Un error común será negar estas emociones o alimentarlas con pensamientos o detonadores que las amplifiquen, como por ejemplo escuchar música melancólica o revisar recuerdos que profundicen el estado.

Cuando la respuesta a las preguntas *¿Qué es lo que perdí?* o *¿De qué estás alertándome?* no encuentran una respuesta coherente con esa emoción, entonces será necesario profundizar, ya que podrías estar frente a otra emoción que hemos calificado erróneamente como miedo o tristeza. Por ejemplo, si creo sentir tristeza, pero al preguntarme qué perdí mi respuesta es *Nada, solo estoy triste porque una amiga consiguió un novio*, en realidad lo que siento no es una tristeza, sino que podría ser envidia, frustración, etc. Si detectas que lo que pensabas que era miedo o tristeza en realidad no lo es, te sugiero que comiences nuevamente el proceso de gestión, identificando correctamente la emoción que estás sintiendo.

¿Cómo enfrentar el miedo desde una perspectiva bíblica?

Lo cierto es que sin Jesús la esperanza es fugaz y las palabras de ánimo pueden parecer simplistas sin que puedan reconfortar los corazones temerosos. Solo con Jesús, y sin importar cuál sea la circunstancia que estemos viviendo o cuán incierto sea nuestro futuro, el sentir miedo puede hacernos recordar cuánto necesitamos tener fe y confianza en él.

Cuando nuestros ojos miran con fe a Dios, quien nos conoce por completo, esa fe traerá esperanza, y en los momentos de dificultad podremos tener la seguridad de que está ahí para cuidarnos y preservarnos. Y aunque sea difícil ver en medio de la prueba cómo terminará todo, al mirar con ojos de fe tendremos la certeza de que nuestro Padre está en pleno control.

Pero cuando tenga miedo, pondré mi confianza en ti. (Salmos 56:3)

Al contrario de lo que se piensa, tener fe no es dar un paso en falso o un salto al vacío. La razón no está divorciada de la fe; de hecho, la definición de fe es tener certeza de lo que se espera y tener la convicción de lo que no vemos, pero esto se fundamenta en lo que hemos leído en la palabra de Dios. Dicho de otra forma, tener fe en una situación que nos da temor es tener la certeza de que, aunque no veamos nada, sabemos que Dios está con nosotros; no lo vemos, pero creemos cuando en su Palabra nos dice *"No temas"*.

Pero confiar en Dios cuando las razones para alarma son muchas y agobiantes es la fe vencedora de los elegidos de Dios. (Charles Spurgeon)

Así, es de suma importancia que estemos familiarizadas con la palabra y el carácter de Dios; sus caminos, sus consejos, su presencia, su maravilloso amor perfecto disipará y echará fuera todo temor. Cuando venga el temor debemos poner total confianza en él, esa confianza que descansa en su fidelidad y carácter.

Sentir miedo no está mal porque es una emoción que estará presente y se activará cuando nos encontremos frente a riesgos o amenazas. El salmista David atravesó muchos riesgos y aflicciones que lo ubicaron frente al temor, y su vida puede enseñarnos mucho respecto a cómo enfrentar los procesos de las pruebas. Hubo una oportunidad en que, por estar huyendo de las manos de Saúl, cayó en manos de los filisteos, quedando atrapado y rodeado de enemigos que querían hacerle daño. Ese momento de total peligro y temor lo llevaron a animarse a sí mismo en Dios, aferrándose a sus promesas, misericordia y poder.

«En el día en que temo, cuando el temor me sobrevenga, yo confiaré en ti». Solo de esta manera David podía acallar los temores que inquietaban su corazón. Esto es como si el salmista hubiera hecho una lista de todas las dificultades que tenía, y junto con ello llega a la conclusión de que cuando venga el temor por causa de sus dificultades, él pondrá su confianza en el Señor.

David hace de las promesas de Dios material para sus alabanzas, y termina diciendo: «Confío en Dios y alabo su palabra, confío en Dios y no siento miedo». ¡Qué maravilloso es poner nuestra confianza en el Señor! En el momento en que llegue el temor (porque llegará) debemos seguir este ejemplo de confianza, dejar de anticiparnos y preocuparnos por cosas que aún no llegan y decirle al Señor con total certeza: «Señor, si ha de venir un momento de dificultad, yo pondré mi confianza en ti y no temeré».

El Señor es mi luz y mi salvación; ¿a quién temeré? El Señor me protege del peligro, ¿quién podrá amedrentarme? (Salmos 27:1)

Porque clamé a él y él me respondió. Me libró de todos mis temores.(Salmos 34:4)

Aferrémonos a sus cuidados y misericordia.

Hay un lugar de consuelo

En los momentos de tristeza, el mejor lugar al que podemos recurrir es a la palabra de Dios, allí encontraremos aliento, ánimo y nuevas fuerzas. ¿Dónde crees que recurría el salmista? Al Señor; él era su consuelo y su esperanza.

Lloro de angustia; anímame con tu palabra. (Salmos 119:28)

Mi querida amiga, si lo que quieres es dejar de andar triste por la vida, pon en práctica lo que aprendimos de David. Si anclas tu esperanza en Dios, tu mente comenzará a llenarse de la verdad, toda tristeza comenzará a salir de tu corazón y ese peso que te acompañaba te abandonará, y cuando venga la tristeza aplica esta Palabra:

Si alguno de ustedes está angustiado, que ore. Si alguno está alegre, que cante alabanzas. (Santiago 5:13)

Cuando estamos tristes es poco el ánimo que tenemos para orar y buscar en la Palabra, pero es ahí donde debemos vencer, y de la misma manera que le indicamos a un enfermo que tome su medicina, nosotras debemos buscar el antídoto que solo el Señor puede darnos.

Cambia de perspectiva y no mires lo que no has alcanzado, no busques una salida en el aislamiento y busca personas que puedan colaborar para que puedas acudir a Cristo. Cuando nos disponemos a salir adelante, Dios nos proveerá de medios de gracia para vencer.

¡Bendito sea el Dios y Padre de nuestro Señor Jesucristo, Padre misericordioso y Dios de toda consolación! (2 Corintios 1:3)

Para reflexionar

Tómate un tiempo para meditar en el Señor y en su Palabra, seguramente él tiene mucho para decirte.

- ¿Cuáles son los pensamientos que generalmente te acompañan cuando viene el temor?

- ¿Cuáles han sido las situaciones más tristes que te ha tocado vivir? ¿Qué perdiste?

Oración:

Señor, reconozco que separada de ti nada puedo hacer y que necesito de tu gracia y dirección para vencer cualquier temor y disipar toda tristeza. Ayúdame a confiar y descansar en ti. Tú eres mi cuidador y quien me brinda alegría. Gracias por estar conmigo. Amén.

Descarga en **www.e625.com/extras** la *Guía de Trabajo Grupal* correspondiente a este capítulo.

CAPÍTULO 12

¿POR QUÉ PREOCUPARSE?

No se angustien por nada; más bien, oren; pídanle a Dios en toda ocasión y denle gracias. Y la paz de Dios, esa paz que nadie puede comprender, cuidará sus corazones y pensamientos en Cristo.(Filipenses 4:6-7)

Conectado con el capítulo anterior, quiero presentarte otro detonador común que necesitas tener bajo control. A las preocupaciones las considero un detonador porque son un estado de inquietud y temor producido por situaciones que consideramos problemáticas; en términos bíblicos, la palabra griega *merimnaō* es traducida como «angustia, ansiedad o preocupación».

La preocupación suele estar asociada a la angustia y a la ansiedad que se produce por algún motivo. Esta acción está vinculada al nerviosismo o a ocuparse de algo antes que ese algo se produzca.

La catástrofe que tanto te preocupa, a menudo resulta ser menos horrible en la realidad de lo que fue en tu imaginación. (Wayne W. Dyer)

¿Alguna vez has sentido como si se hubiese producido una catástrofe en tu interior? ¿Te sientes preocupada de manera constante? ¿Sientes que no logras disfrutar los buenos momentos de tu vida porque siempre estás preocupada por algo? ¿Te preocupa pensar en el futuro? ¿Quieres espantar cada preocupación que ronda en tu cabeza, pero no sabes cómo? Cuando las preocupaciones llegan a nuestra vida, la Biblia nos ofrece una receta sorprendente que encontramos en los versículos del capítulo 4 de Filipenses y que encabezan este capítulo.

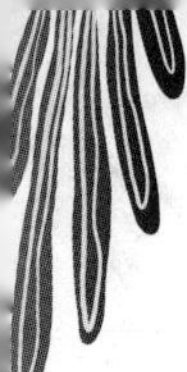

> **La preocupación suele estar asociada a la angustia y a la ansiedad que se produce por algún motivo**

Cuando estamos en esa guerra interna es difícil pensar en aquello que pueda ser un remedio para tal angustia; sin embargo, por medio de la oración podemos encontrar una paz segura, no viéndola como un botón de respuesta automática sino visualizándola como algo que nos conecta con aquel que tiene el control de todas las cosas.

Es importante entender que no podemos dar una solución a nuestras preocupaciones por nuestra propia cuenta, y como en cada emoción que hemos analizado, el desafío es poner nuestra mirada en Cristo y seguir su ejemplo. Jesús no solo nos instruyó a no ser ansiosas, sino que también nos mostró cómo permanecer en paz y tranquilidad en medio de las más severas adversidades, críticas y calumnias; él supo permanecer en armonía en medio de traiciones, tratos injustos e incluso en el proceso de su muerte. Jesús lo tenía todo como para preocuparse y sentirse ansioso, tenía argumentos suficientes para agotarse y desistir. Sin embargo, frente a todo eso, nunca lo vimos ansioso ni estresado.

Me ha pasado en algunas oportunidades cuando me he sentido ansiosa que no he acudido primeramente a la oración; en su lugar, he preferido hablar con alguien o llenarme de quehaceres. También he sabido de personas que cuando sienten ansiedad o preocupación anestesian sus emociones con las redes sociales, con consumismo, con la comida o haciendo un berrinche. Puede sonar extraño, pero es una lamentable e infructuosa realidad que debemos intentar cambiar.

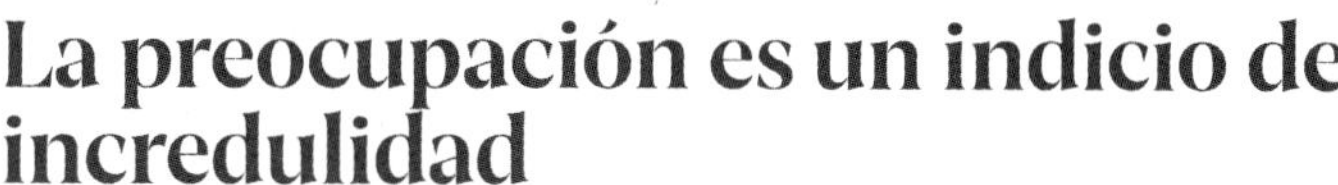

La preocupación es un indicio de incredulidad

Por ello les aconsejo que no se preocupen por la comida, la bebida o la ropa. ¡Es mucho más importante tener vida y un cuerpo, que tener qué comer y qué vestir! (Mateo 6:25)

Jesús considera como incredulidad las preocupaciones racionales de un discípulo. *Afanarse*, como se traduce en la versión Reina-Valera de la Biblia, significa «estar dividido o partido». Estar ansiosas por aquellas cosas que necesitamos para sustentar nuestra vida en el día a día, pensando siempre en el mañana, puede literalmente dividirnos en dos. No podemos estar por momentos pensando que confiamos en que Dios puede proveer todas nuestras necesidades, y luego tener dudas respecto a su provisión.

Debemos creer en sus promesas aun no viendo nada.

Este es un dilema latente con el cual lidiamos muchas de nosotras, incluso cuando la voluntad de Dios es que podamos vivir lejos de los estados de ansiedad. Dios, por medio de su Palabra, nos ofrece un antídoto para evitar toda ansiedad, porque no es su voluntad que estemos ansiosas por lograr el sustento para nuestras vidas. Jesús está haciéndonos la invitación para que no sintamos esa preocupación fatigante por las cosas imprescindibles como comer y vestir. 

Debemos trabajar para ganarnos el sustento; eso es algo legítimo y que fue preceptuado por Dios, pero Jesús nos instruye por medio de su Palabra a no dejarnos llevar por aquella ansiedad que traiga tormento, que perturbe el corazón, y que nos quite el gozo del Señor, la paz del espíritu, nuestro sueño, nuestra salud y el poder disfrutar de las bendiciones que el Señor nos ha dado y seguirá dándonos.

En el fondo, esta preocupación tiene que ver con la falta de fe, ya que el Padre nos ha prometido como hijas que nos proveerá de todo lo necesario para la vida. Es importante entender que Dios no nos ha prometido banquetes y lujos, pero sí nos prometió sustento;

entonces, ¿por qué preocuparnos por estas cosas? Si lo hacemos, dudamos de la provisión de Dios, de sus promesas y de su bondad.

Dejen en las manos de Dios todas sus preocupaciones, porque él cuida de ustedes. (1 Pedro 5:7)

Dejemos de cargar sobre nuestros hombros el peso de prever el futuro. La preocupación no solo es mala sino que supone la incredulidad, porque implica que no estamos creyendo que Dios puede ocuparse de cada detalle de nuestra vida. Cuando Jesús en la parábola del sembrador señala que había algo que ahogaba la Palabra que era sembrada en nuestros corazones, no estaba refiriéndose al diablo, sino que se refería a las preocupaciones. Las preocupaciones de este siglo son aquellas que perturban nuestra mente y corazón, y la incredulidad comienza a nacer en el momento en que decimos «No puedo confiar en aquello que no veo».

Necesitamos obedecer a la palabra de Dios y a la voz de su Espíritu.

Dejemos de estar ansiosas, preocupadas por el futuro o por lo que pueda venir; cuidémonos de hablar con orgullo sobre el día de mañana, pues no sabemos lo que vendrá, pero de lo que podemos tener certeza es de que Dios está con nosotras para siempre.

Si creemos que el porvenir depara sabores dulces o amargos, todo hemos de ponerlo en las manos del Señor, en su control y voluntad.

Si se avecina una tormenta, ve al refugio correcto

En nuestro día a día nos vemos expuestas a diferentes situaciones y contextos, y cada uno de ellos tienen el potencial para llevarnos a la preocupación y la ansiedad: el trabajo, el estudio, tener que lidiar con la familia y —lo que es peor— nuestros pecados.

El estar constantemente ocupadas y afanadas nos dificulta el refugiarnos en Dios en medio de las preocupaciones. Pareciera ser más fácil intentar encontrar todas las aristas de un problema que buscar en Dios las promesas que puedan acallar los ruidos de nuestras mentes.

Si creemos que se avecina una tormenta, escoger el refugio correcto hará la diferencia entre la vida y la muerte.

El Señor es mi fortaleza, mi roca y mi salvación; mi Dios es la roca en la que me refugio. Él es mi escudo, el poder que me salva.(Salmos 18:2)

Todos los oprimidos pueden acudir a él. Él es refugio para ellos en tiempo de tribulación. Todos los que conocen tu misericordia, Señor, contarán contigo para que los auxilies, pues jamás has abandonado a quienes en ti confían. (Salmos 9:9-10)

> Por más que tratemos de ocultar lo que sucede en nuestro corazón y lo que pasa por nuestra mente, no podemos ocultarnos de los ojos del Señor

Necesitamos aquietar nuestras almas y confiar en él, aferrarnos a sus maravillosas promesas y descansar.

No se angustien. Confíen en Dios, y confíen también en mí. (Juan 14:1)

Cuando Jesús les anunció a sus discípulos su partida inminente, ellos vieron que se separarían de él y se quedarían en este mundo. Esa noticia llenó sus corazones de turbación y congoja, ya que pensaban: «El Maestro nos deja solos frente a muchos enemigos». Jesús, que sabía lo que ocurría dentro de sus corazones, les dijo: «No se angustien, confíen en Dios y confíen también en mí».

¡Maravillosa promesa! Por más que tratemos de ocultar lo que sucede en nuestro corazón y lo que pasa por nuestra mente, no podemos ocultarnos de los ojos del Señor. Cuando el corazón está turbado y las heridas sangran, la mirada divina del Señor está

puesta sobre nuestras vidas, derramando el consuelo y la fuerza para no dejar de confiar en él.

Les dejo la paz, les doy mi paz; pero no se la doy a ustedes como la da el mundo. No se angustien ni tengan miedo. (Juan 14:27)

La paz del Señor no tiene nada que ver con la paz que el mundo nos ofrece; la de Dios es más que la ausencia de problemas, y significa que todo lo que vivamos contribuirá para nuestro más elevado bien.

Oren en todo tiempo y denle gracias

La mayoría de las veces en que nuestra mente y corazón están llenos de preocupaciones, ocurre también que pocas veces nuestras oraciones son las correctas. Generalmente las palabras que salen de nuestra boca están centradas en las situaciones que nos afectan directamente y no en lo que Dios quiere lograr en nosotras por medio de ese proceso. Afortunadamente, la palabra de Dios nos enseña a orar correctamente y de acuerdo a su voluntad (el propio Pablo, en uno de los pasajes de Filipenses, nos da la orientación que necesitamos).

Pero ¿cómo deberíamos orar?

- Nuestras peticiones deben ser dadas a conocer a Dios con acciones de gracias.

- En los momentos en que te sientas golpeada por las preocupaciones y sientas que no hay fuerzas para seguir, tenemos la obligación y la urgencia de orar con agradecimiento. Sabemos que es algo que de manera natural no nos saldrá, pero es algo que debemos hacer porque Dios también quiere ver nuestro accionar y una respuesta de gratitud que refleje a Cristo.

- En los momentos de ansiedad es bueno cambiar nuestro enfoque. En vez de concentrarnos en aquellas cosas que nos complican la mente y el corazón, pensemos en todo lo bueno y agradable que el Señor ha hecho en nuestras

vidas; te darás cuenta de que hay más para agradecer que cosas por las que preocuparnos.

- Cuando hay algo que nos aflige y está relacionado directamente con nuestra familia, debemos agradecer al Señor por los regalos que nos ha brindado a través de ellos.

- Si nuestra preocupación está relacionada con nuestro trabajo, es bueno agradecer por el lugar en el que estás, aunque el ambiente no sea el mejor. Dios sabrá por qué y hasta cuándo te tendrá ahí. Agradece por el dinero que recibes por medio de ese trabajo.

- Si lo que trae preocupación es el futuro, es bueno agradecer al Señor por todo lo que ha hecho en el pasado y en el presente, y confiar de todo corazón en que sus cuidados estarán sobre nosotras hasta el final de nuestros días.

Si cambiáramos nuestras preocupaciones por oraciones y acciones de gracias, podríamos experimentar y estar más conscientes de la vida abundante que Dios tiene para cada una de nosotras.

En los momentos en que las preocupaciones y la ansiedad te invadan, llena tu boca con oraciones de acciones de gracias. La gratitud será el interruptor para cambiar la realidad de nuestros corazones, porque cuando la oscuridad quiera asomarse, la luz la enfrentará.

Reenfoca tu atención en todo lo que proviene de Dios y aparta tu mirada de la inquietud y el temor. Piensa en los buenos regalos que el Padre te ha brindado y en su inmerecida gracia que nos proporcionó para poder alcanzar una vida victoriosa en él. La oración y las acciones de gracias son armas poderosas para vencer y derribar toda ansiedad, ¡aférrate a estas armas que Dios te proporcionó y gana la batalla!

De lo alto nos viene todo lo bueno y perfecto [...] (Santiago 1:17)

Para reflexionar

- Haz una lista con las tres preocupaciones más recurrentes en tu vida.

- Para cada una de las tres preocupaciones, busca una o varias promesas de Dios que te alienten a confiar en él.

Decide llenar tu boca de oraciones, canciones y acciones de gracias; ya basta de preocupaciones, es tiempo de confiar en el Señor.

Descarga en **www.e625.com/extras** la *Guía de Trabajo Grupal* correspondiente a este capítulo.

CAPÍTULO 13

ACOMPAÑADA POR EL ENOJO

Mis queridos hermanos, pongan atención: Todos ustedes deben estar listos para escuchar, pero deben ser lentos para hablar y para enojarse. Porque el enojo no deja a la gente vivir con justicia como Dios quiere. (Santiago 1:19-20)

El enojo, siendo una de las emociones básicas, es una emoción que seduce nuestro monólogo interior. ¿Por qué? Porque nos secuestra en pensamiento, palabra y acción. Esta es un arma defensiva que, si la utilizamos de manera incorrecta y la dejamos crecer, puede volverse en nuestra contra causando mucho daño. Esta emoción puede alterarnos anímicamente generando agitación o rabia, teniendo al mismo tiempo efectos físicos y psicológicos.

Todas las personas, sin importar la edad o su temperamento, tarde o temprano sucumben ante el enojo, y la mayoría lo demuestra de la manera equivocada. La gestión de las emociones negativas como el enojo, la ira o la rabia son nuestra cuenta pendiente; podría decirse, incluso, que se corresponde con nuestro talón de Aquiles. Muchas de nosotras hoy en día pueden estar caminando por la calle con sus trajes de adultas y sus cabezas en alto, pero la verdad es que en su interior ocultan una madurez emocional de niñas de cuatro años.

Cualquiera puede enfadarse, eso es algo muy sencillo. Pero enfadarse con la persona adecuada, en el grado exacto, en el momento oportuno, con el propósito justo y del modo correcto, eso, ciertamente, no resulta tan sencillo. (Aristóteles)

Todas las personas tarde o temprano sucumben ante el enojo, y la mayoría lo demuestra de la manera equivocada

El enojo no solo puede afectarnos a nivel emocional, sus ramificaciones pueden extenderse hacia nuestro lenguaje y cogniciones, oprimiéndonos con sentimientos que se contraponen causando frustración y traspasándonos el corazón. Aun así, hay muchas personas que lo mantienen oculto, fingiendo que todo está bien, con una habilidad sorprendente, pero al igual que un volcán que se mantiene dormido por un tiempo, de un momento a otro despertará y será percibido por todos.

¿Qué sucede si vivimos enojadas? ¿Acaso no es normal enojarse? Estos interrogantes pueden llevarnos a sostener algunos argumentos y justificaciones como: «Es mi temperamento», «Siempre he sido así», «Puedo enojarme siempre que no peque», «Jesús también se enojó», «Yo no tengo la culpa, ustedes hacen que me enoje», y las justificaciones podrían seguir y seguir.

El temperamento y las circunstancias que se afrontan en los primeros años de vida pueden marcar una diferencia entre una persona que se irrita por la menor de las incomodidades y otra que puede permanecer calmada a pesar de lo que suceda, pero no podemos utilizar el tipo de personalidad o las vivencias como una excusa para tener mal genio.

Arrojen de ustedes la amargura, el enojo, la ira, los gritos, las calumnias y todo tipo de maldad. (Efesios 4:31)

No es la voluntad de Dios que vivamos enojadas, porque esto ensombrece el carácter de las hijas de Dios; él no nos hizo nuevas criaturas para que vivamos con enojo, nos hizo nuevas para ser plenas en él.

Pero deben ser lentos para hablar y para enojarse. Porque el enojo no deja a la gente vivir con justicia como Dios quiere. (Santiago 1:19-20)

En su carta, Santiago nos amonesta al decirnos que debemos ser rápidas para entender y lentas para hablar y enojarnos. Cuando el enojo llega, nuestro espíritu tenderá a agitarse, es ahí cuando debemos actuar con lentitud, para que podamos actuar como Dios quiere. Mientras más rápidas seamos para oír y más lentas para hablar, el enojo tardará más en llegar.

El apóstol Pablo y David nos enseñan lo mismo cuando nos dicen:

Si se enojan, no cometan el pecado de dejar que el enojo les dure todo el día. (Efesios 4:26)

No pequen permitiendo que el enojo los controle. Medítenlo cuando por la noche vayan a descansar. (Salmos 4:4)

Aferrarnos al enojo le dará una ventaja al diablo sobre nuestras vidas, y recuerdas que el problema en sí no está en el enojo, sino que está en que el enojo no lleva a cabo la justicia de Dios, porque nos impide que nuestra conducta sea recta.

El enojo en sí no es un pecado, lo que es un pecado es lo que haces con él.

El enojo destruye, irrita, humilla, desecha, reprocha, no respeta, se revela; hasta podría tomar una forma distinta y acoger un papel de víctima. Cuando el enojo nos motiva a hacer daño a otro es inaceptable y pecaminoso, y está fuera de la voluntad de Dios. Nosotras debemos procurar insistentemente hacer lo que Dios quiere, y el enojo nos impulsa a lo contrario, a una conducta poco amistosa, que para nosotras como hijas de Dios solo nos planteará dudas en nuestras mentes, colaborando en la tardanza de nuestro crecimiento en Cristo.

> Cuando el enojo nos motiva a hacer daño a otro es inaceptable y pecaminoso, y está fuera de la voluntad de Dios

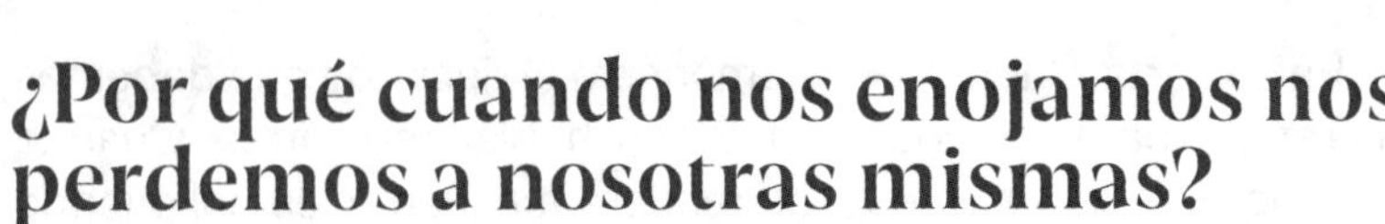

¿Por qué cuando nos enojamos nos perdemos a nosotras mismas?

En el proceso de enojo, en nuestro cerebro nos secuestran los sentimientos, pero de manera más concreta la *amígdala*, aquella estructura que tenemos en el cerebro que tiene como misión asegurar la supervivencia. Si no le prestamos atención y no la controlamos a tiempo, puede lanzarse llevándonos hacia un laberinto del cual no podremos salir, un laberinto de sentimientos perturbadores que nos bloquea, volviéndonos un poco irracionales.

La amígdala está diseñada para responder ante una situación de peligro sin hacer un análisis previo, tarea que le corresponde a la corteza cerebral. De no existir este proceso, perderíamos un tiempo demasiado precioso. Si lo que enfrentamos es un peligro real, es un buen mecanismo, pero si se dispara por cualquier pequeñez puede terminar siendo un problema grande, ya que una vez puesto en marcha el mecanismo son lanzados altos niveles de testosterona (hormona vinculada a la conducta agresiva y dominante), así como niveles bajos de cortisol, lo que trae grandes consecuencias.

Cuando el enojo evoluciona en algo pecaminoso

Nuestra naturaleza pecaminosa siempre estará dispuesta a distorsionar lo bueno y lo malo. Personalmente, creo que son pocas las instancias en que reconocemos que pecamos al enojarnos, pero nuestras acciones y actitudes nos dejan en evidencia.

Por más que queramos ocultarle a Dios nuestro enojo, no podemos pues él todo lo ve y examina, discerniendo las intenciones más profundas del corazón. La mente y el corazón enojados son buenos almacenadores de resentimiento, debido a todo lo que se ha dicho o hecho. Hacen surgir dentro nuestro diversos escenarios imaginarios que se alimentan de todo aquello que debió ser dicho.

El pecado infecta todo lo que decimos, pensamos y hacemos.
Infecta lo que sentimos.

Jesús estaba con sus discípulos cuando llegaron a arrestarlo para la crucifixión. De repente, Pedro se levanta y sacando rápidamente su espada, corta la oreja de uno de los que venían a capturarlo; Jesús lo reprendió al instante, y tocando la oreja lo curó. Aparentemente la actitud de Pedro se justificaba por el momento que se estaba viviendo, pero Jesús la condenó.

La Palabra nos da clara evidencia de que Pedro era bastante emocional, e incluso hubo ocasiones en que perdió sus estribos. Es por esa razón que reaccionó así de manera natural, expresando su enojo con libertad por aquellas cosas que no le gustaban. ¿Cuántas veces hemos reaccionado así, de manera natural, como si la situación lo ameritara? ¿Cuántas veces hemos justificado reacciones o actitudes agresivas? Jesús condena esas acciones.

Dios, en su infinito amor, le permitió a Pedro ver sus errores y las consecuencias que estos traían, y finalmente este hombre impulsivo fue totalmente transformado.

Después de haber caminado muchos años con el pueblo de  Israel, Moisés perdió el privilegio de entrar en la tierra prometida por causa de un enojo descontrolado: después de escuchar la queja constante del pueblo tuvo una reacción emocional. La verdad es que intento ponerme en el lugar de Moisés y hasta puedo entender el motivo de su enojo; tanto tiempo guiando a un pueblo que lo único que hacía era quejarse y murmurar y que, aun cuando comprobaba con hechos evidentes que Dios estaba con ellos, no dejaba de quejarse. Esa situación también me habría hecho enojar a mí, pero lo cierto es que Dios esperaba que Moisés lo honrara cualquiera fuera la circunstancia, pero lamentablemente fue guiado por sus emociones y el enojo tomó el control de él.

Controlar este tipo de emociones cuando todo a nuestro alrededor nos da motivos para darles rienda suelta puede ser una de las cosas más desafiantes que afrontemos en la vida, especialmente si existe una tendencia agresiva o extrovertida, pero con la ayuda de Dios y su abundante gracia podremos vencer.

Dile adiós al enojo

¡Tenemos una gran responsabilidad! Ya sea que nos sintamos enojadas o enfrentemos una situación o persona que nos incite al enojo, nuestra respuesta debe ser una que calme la situación, tanto para mí como para quien recibe la respuesta. Cada respuesta es responsabilidad de quien responde.

La respuesta amable calma el enojo, pero la respuesta grosera lo hace encenderse más. (Proverbios 15:1)

Cada respuesta es responsabilidad de quien responde

Cuando el enojo nos motiva a hacer daño a otro es inaceptable y pecaminoso, y está fuera de la voluntad de Dios Está comprobado que por nuestra propia cuenta nada podremos lograr; al contrario, si creemos tener el control del asunto vamos hacia un fracaso seguro. Necesitamos de la ayuda de Dios, de su gracia y provisión para gestionar cada emoción, y con mayor razón aquellas que son pecaminosas. La mejor manera de expresar nuestro enojo es hablando y abriendo el corazón a Dios. No debes reprimirlo, aun cuando tengas temor de expresarlo de manera inadecuada, porque almacenarlo en tu interior te dañará o terminará causando una gran explosión.

Abre tu boca y habla con Dios, expresa todo lo que sientes y pídele con todo tu corazón que te ayude a pensar de manera correcta y que te guíe en cómo manejar tus sentimientos y emociones para su gloria. No sigas fingiendo como si nada pasara; no hay nada peor que pasar toda una vida acompañada por el enojo. Personalmente he sentido el peso del enojo, por mucho tiempo lo experimenté en mi vida, y por más que intentaba ocultarlo mi rostro se encargaba de manifestarlo. Sentía molestia constante (por razones reales y por otras que solo estaban en mi mente), pero Dios confrontó mi corazón mostrándome que vivir con enojo es un reflejo de la vida pasada, y mi nueva vida debe reflejar a Cristo. Me arrepentí de todo corazón y comencé a trabajar de manera

intencional en la gestión de mis emociones, aprendiendo a soltar y confiar en que él hará lo correcto para mí.

Es muy posible que tengamos circunstancias a nuestro alrededor que colaboren para perder el control de nuestras emociones, pero la verdad es que Dios está más interesado en cambiar nuestro carácter que nuestras circunstancias; nada escapa de su mano y él es capaz de usar esa situación compleja para moldear su carácter en nosotras. Dios promete liberarnos, pero debemos confiar y rendirnos completamente.

Después de este largo recorrido podrías estar pensando: «Es verdad, he sido presa del enojo», «Me siento enojada y no sé por qué», «Cómo hago para sacarme este enojo de encima», «Tengo muchas emociones fuertes» o «No sé qué hacer y cómo manejarlo». Gestionar nuestras emociones puede parecer difícil pero no es imposible, y antes de hacer cualquier cosa debes aprender a depender de Dios. La palabra de Dios nos enseña que no debemos permitir que el sol se ponga sobre nuestro enojo, y es porque con seguridad Dios espera una acción de nuestra parte; no debemos cometer el pecado de que el enojo nos acompañe todo el día.

A medida que transitemos en esta vida debemos procurar obrar con misericordia y amor, para no estar enojadas todo el tiempo. Debemos practicar el perdón, buscar la paz y seleccionar sabiamente las batallas,  porque seguramente tendremos muchas que pelear. Recuerda que la batalla es del Señor, es con su fuerza y su Espíritu.

> Dios promete liberarnos, pero debemos confiar y rendirnos completamente

Ya sea que enfrentes a alguien enojado o seas tú misma la protagonista de esta emoción, es tiempo de soltarla y decirle «Adiós, ya no te quiero cerca». No reprimas el enojo ni lo acumules, entrégalo a Dios y exprésalo correctamente. Si alguien te trata mal y sientes enojo, calla; mantén la emoción bajo control. Mira el modelo de Jesús, busca refugio en su Palabra, en la oración o en alguien con quien puedas abrir tu corazón y así expresar lo que

estás sintiendo. Debe ser alguien que te direccione a Dios y no avive el fuego de tu enojo.

Te darás cuenta de que acudir a Dios traerá descanso a tu corazón; obedecer y meditar en sus promesas será un remedio para tu alma.

> Acudir a Dios traerá descanso a tu corazón; obedecer y meditar en sus promesas será un remedio para tu alma

¿Sabes? No estás sola, Dios está disponible para tratar cada problema, y el que estemos juntas hoy, recorriendo este mundo emocional, es porque él mismo lo quiso para proporcionarte un mayor entendimiento respecto a cómo sientes y lo que sientes. Con todo esto no estoy tratando de decir que jamás volverás a enojarte; por el contrario, el enojo estará ahí a la puerta, pero dependerá solo de nosotras cuánto espacio queramos darle. Lo que sí puedo decirte con seguridad es que si decidiste decirle adiós, cuando lo sientas será más fácil de manejar de lo que lo fue en el pasado; si Dios lo hizo conmigo, también lo hará contigo. Las batallas son difíciles de vencer, pero una vez que vences se vuelve difícil conservar la victoria, así que no pierdas la victoria que ya ganaste, sigue adelante aferrada de la mano de Dios. Junto a él hay ganancia segura.

Para reflexionar

Separa un momento para reflexionar en lo que has leído en este capítulo, meditando en cada pasaje y examinando tu corazón. Dios siempre tendrá algo para decirte.

- ¿Crees que el enojo ha sido un compañero en tu vida?

- En los momentos en que te has sentido enojada, ¿crees haberlo expresado correctamente?

- ¿Qué tan difícil te es soltar el enojo cuando aparece?

Decide vivir en el gozo del Señor y ya no vivas más como una persona enojada. Dios puede darte gracia para enfrentar esta emoción de manera piadosa.

Descarga en **www.e625.com/extras** la *Guía de Trabajo Grupal* correspondiente a este capítulo.

CAPÍTULO 14

EN LAS REDES DE LOS CELOS Y LA ENVIDIA

Casi siempre los celos se relacionan con la envidia. Pero la diferencia básica es que se siente envidia de lo que uno no tiene y celos de lo que uno tiene. (Fernando Savater)

Ahora hablaremos de un tema con el que por mucho tiempo lidié, ya que los celos y la envidia fueron mis compañeros en algunas etapas de mi vida antes de Cristo.

Según la Real Academia Española (RAE), los *celos* son «sospecha, inquietud y recelo de que la persona amada haya mudado o mude su cariño, poniéndolo en otra». Este concepto está relacionado con las relaciones de un tono más amoroso. Por otra parte, la misma RAE define la *envidia* como «tristeza o pesar del bien ajeno» o «deseo de algo que no se posee».

Si bien los celos y la envidia son dos emociones negativas o no constructivas, en su raíz son diferentes. Conocer las diferencias entre ambas nos ayudará a comprender la profundidad de cada emoción y así facilitar una gestión eficiente.

¿Celosa, yo?

Los celos son una de las emociones menos comprendidas y más negativamente juzgadas por la sociedad, ya que por mucho tiempo han estado en el *top ten* de las razones por la que se destruyen relaciones de pareja, llevando a los involucrados al descontrol. Debido a la mala percepción que la sociedad le otorga a este sentimiento, no es fácil que alguien acepte o reconozca tener celos o ser celosa. ¿A quién le gusta admitir los celos?

Los celos nos advierten de que hay necesidades insatisfechas en nuestra vida y un miedo desmedido a no poder tener lo que deseamos

Los celos suelen ser la sospecha o el miedo de perder algo querido, generalmente una persona; generan un resentimiento contra una potencial rival, llevándonos a pensar que esa otra persona desea arrebatarnos algo que es nuestro o que consideramos nuestro. Esta emoción, al no ser correctamente gestionada, puede llevarnos a un estado continuo de sospecha o de miedo a la infidelidad o simplemente a una vigilancia extrema y sobreprotectora de un ser amado.

Ahora, si bien es cierto que socialmente esta es una emoción con mala calificación, debemos recordar que ninguna emoción es negativa en sí misma, sino que es la mala gestión la que la convierte en negativa o positiva. Siendo así, ¿acerca de qué cosas me advierte esta emoción?

Los celos nos advierten de que hay necesidades insatisfechas en nuestra vida y un miedo desmedido a no poder tener lo que deseamos. Entonces, los celos poseen dos componentes clave:

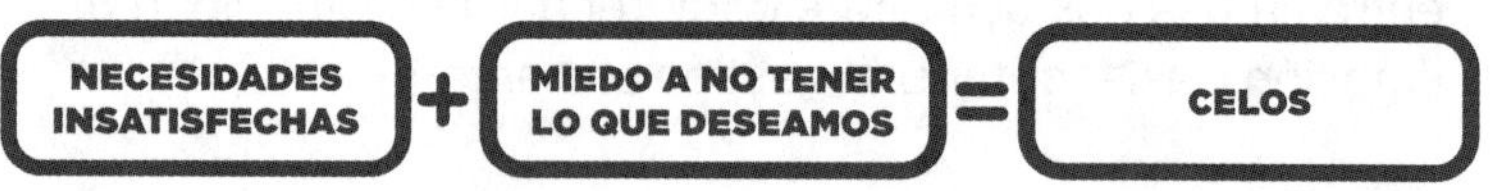

El miedo, la incertidumbre y la posibilidad de insatisfacción estarán presentes en esta emoción, ya que la persona celosa se

siente excluida de participar en un contexto social que alguna vez disfrutó o al que creyó pertenecer. Los celos llevarán a la persona a buscar con determinación el mantener dependientes a sus vínculos sociales, de tal modo que la pérdida o la amenaza de pérdida puede llegar a ser un detonante que los lleve a sentir dolor y tristeza, y si estas emociones no se gestionan correctamente pueden transformarse en esos sentimientos persecutorios característicos de los celos.

[...] porque son apenas niños en la fe. ¿Acaso no lo demuestra el hecho de que se dejen dominar por los celos y anden en disensiones? ¿No están actuando como meros humanos? (1 Corintios 3:3)

Para gestionar esta emoción, es esencial que identifiquemos el miedo que está oculto detrás del celo, ya que descubrirlo y eliminarlo de la ecuación nos permitirá enfocarnos y trabajar en conseguir lo que deseamos, y así quitaremos los estorbos que nos impiden desarrollarnos y crecer saludablemente.

Como en todo lo que hemos aprendido en este camino, la gestión emocional no implica superar nada; en realidad se trata de descubrir qué es lo que quieren decirnos nuestras emociones y, una vez identificado el problema, llevar nuestros pensamientos a Cristo. Así, un episodio de celos no es negativo, solo es una alerta de necesidades y temores que requieren de cuidado. No prestar el cuidado que requieren o agregar pensamientos que potencien esta emoción la transformará en un sentimiento que se quedará por más tiempo, generando así un problema. Los celos pueden llevarnos a un sentimiento de exclusión o rechazo; algunos de los efectos que producen los celos son el dolor, la ansiedad y la ira, y en ciertas ocasiones, acciones descontroladas o irracionales (no debemos olvidar que la persona celada también podría verse sobrepasada por esta emoción, llegando incluso a abandonar la relación con la persona celosa).

La envidia

A diferencia de los celos, la envidia tiene su foco en la otra persona, en el envidiado. La persona envidiosa considera al envidiado como un competidor, que además es percibido como superior en contraste consigo misma. La envidiosa siente la falta de lo que la otra persona posee, generando así una sensación de impotencia.

Comparar es una trampa que impregna nuestras vidas, especialmente si somos profesionales con una gran necesidad de logros. (Thomas DeLong, Harvard Business Review)

En la envidia el sentimiento predominante es el sentimiento de rabia, así como también opera el resentimiento que genera el hecho de no tener aquello que tanto se anhela. Esta emoción puede manifestarse casi en cualquier contexto: en los estudios, trabajo, hogar, la iglesia, en una relación de pareja, en una amistad. Realmente la envidia es un tipo de codicia muy específico: dos personas pueden envidiarse simultáneamente por cosas diferentes, ¡así que no te engañes, no es la medida de algún logro!

La envidia menoscaba nuestras relaciones sociales

La envidia menoscaba nuestras relaciones sociales, ya que cuando envidiamos a los demás, trabajamos contra ellos en lugar de sentirnos conectados con las personas que nos rodean. Es una emoción negativa que podría tener su origen en el miedo, enojo, tristeza o asco. La codicia puede estar muy involucrada con ella, y si no se controla, puede escalar hasta albergar mala voluntad o actuar contra el objeto de nuestra envidia.

Indaguemos en nuestro corazón

Una joven se acerca a otra para compartir una alegría, ya que había recibido buenas noticias y quería hacer partícipes a otros de lo que estaba viviendo. La joven que la escuchaba en ese momento intentaba sonreír, pero con una sonrisa forzada y poco fluida; había incomodidad en ella, y en vez de alegrarse y celebrar por la bendición que estaba escuchando, decide hundirse ß (¿?) intentando imaginar que es ella la persona que tiene una buena noticia para contar.

¿Te parece conocido este escenario, en el que mientras escuchas a otra persona alabar a Dios por lo que está sucediendo, tú estás pensando que deberías estar en ese lugar?

Puede que te rehúses a aceptar la posibilidad de sentir envidia de otro o el deseo de tener lo que tiene el otro, pero en verdad, aunque no queramos reconocerlo, la envidia puede estar mucho más presente en nuestras vidas de lo que creemos. Saúl es un vivo ejemplo de cómo la envidia puede nublar tu perspectiva y desenfocarte de tu propósito: cuando escuchó cantar a las mujeres "[...] «Saúl mató sus miles, y David sus diez miles»" (1 Samuel 18:7), sintió una envidia profunda, e impulsado por esta emoción intentó matar al día siguiente a David con una lanza.

¿Acaso Dios no había sido bueno con Saúl? Fue Dios quien le dio el reinado y lo ungió con su Espíritu, pero anidó en su corazón sentimientos que le nublaron la razón y se cegó al punto de no percibir lo bueno que Dios había sido con él. Con una visión desviada, Saúl estaba impedido de ver la realidad, y la envidia lo convenció de que David tenía la intención de asesinarlo, cuando en realidad era todo lo contrario.

La envidia y los celos alimentan nuestras tendencias pecaminosas y actúan como barreras entre Dios y nosotras, porque siempre estas están ligadas al orgullo.

Hay una raíz

Los celos y la envidia son frutos de la naturaleza pecaminosa, esa con la que todas nacemos y convivimos.

[...] odios, pleitos, celos, iras, rivalidades, disensiones, sectarismos y envidia; [...]. Como ya les dije antes, se los repito ahora: los que llevan esa clase de vida no heredarán el reino de Dios. (Gálatas 5:19-21)

Nuestra naturaleza pecaminosa nos empuja hacia complacernos y quiere todo para sí; es una naturaleza egoísta que solo piensa en satisfacer sus deseos. Es por ello por lo que tenemos esa tendencia a desear lo que tiene el otro, a querer tomar posesión hasta de las personas.

En la Escritura tenemos muchos ejemplos de hombres y mujeres que fueron guiados por celos y envidias, y uno de ellos es el caso de Caín. Lo triste es que esta es una de las primeras historias del inicio de la humanidad que nos da una clara evidencia de que la envidia puede tomar dominio del corazón del hombre.

¿Por qué será que somos tan implacables con ciertos pecados morales, pero no así con algunos más ocultos como la envidia?

La historia nos relata que había dos hermanos, Caín y Abel; ambos dieron ofrendas al Señor, siendo aceptada con agrado la de Abel. El corazón de Caín se llenó de envidia al ver que Dios no había aceptado su ofrenda, y el enojo y la amargura fueron colaboradores para que lo que se había generado en su corazón diera un fruto terrible: Caín atacó a su hermano y lo mató (Génesis 4). Es triste darnos cuenta cuánta similitud tenemos con Caín; de hecho, es difícil que lleguemos a un asesinato, pero si nos amargamos y enojamos podemos cometer homicidio en nuestros corazones.

Al igual que en el caso de Caín y Abel, la Biblia nos relata rivalidades entre hermanos que fueron provocadas por la envidia: me refiero al caso de José y sus hermanos. Distintos escenarios pero la misma raíz: la envidia, que llevó a estos hombres a murmurar, intentar matar, vender y hacer pasar por muerto a un hermano.

[...] porque donde hay envidias y rivalidades, también hay confusión y todo tipo de maldad. (Santiago 3:16)

¿Por qué será que somos tan implacables con ciertos pecados morales, pero no así con algunos más ocultos como la envidia? ¿Qué ocurre realmente en nuestro corazón cuando hay celos o envidia? Los siguientes escenarios podrían darte una mayor luz respecto a lo que sientes.

- ¿Te alegras de manera genuina cuando otra persona es halagada, promovida en el trabajo, elogiada por su esfuerzo o se destaca en distintas tareas y a ti no te toman en cuenta?

- ¿Sueles alegrarte con los que se alegran?

- ¿Celebras las bendiciones de otros, aunque tú no hayas recibido nada?

- ¿Sientes celos de tus amigas cuando se reúnen y no te consideran?

Frente a estas preguntas y analizando nuestro corazón, podemos llegar a la conclusión de que esta es un área muy sensible en donde queda en evidencia la debilidad de nuestra carne; necesitamos mucha gracia de Dios para encontrar su gozo y refugiarnos en él. La envidia nos roba la alegría y nos lleva a un continuo ejercicio de comparación; no solemos compararnos con fracasos, particularmente lo hacemos con los atributos de quienes nos rodean, con sus éxitos y posesiones. La envidia puede llevarnos a sentir resentimiento hacia la otra persona que tiene lo que no tengo; es una actitud que no le agrada a Dios y, por el contrario, nos aleja y obstruye nuestro crecimiento en su voluntad.

Comienza de manera sincera a realizarte una autoevaluación. Los celos y la envidia entristecen el Espíritu de Dios; es tiempo de confesar y de arrepentirse.

Cuando nuestro enfoque esté plenamente en Cristo, el Espíritu producirá frutos de paz, amor y gozo

Recuerdo que en mi vida antes de conocer a Cristo hubo etapas en las que experimenté de manera esporádica estas emociones; estaba rodeada de buenas amigas, pero constantemente tenía esa incertidumbre de que en cualquier momento podría «perderlas». Los celos me inquietaban internamente cuando sabía que alguna de ellas formaba nuevas amistades, ya que eso generaba en mí la inseguridad de que nuestra amistad podría verse perjudicada.

¡Gracias a Dios encontré libertad! Cuando Jesús entró a mi corazón como Señor de mi vida, sacó mis inseguridades, derribó ese temor que había en mí y me enseñó a confiar. En Cristo comencé a tener nuevas amistades y me di cuenta de que cuando es Dios quien nos une, no hay ninguna emoción ni sentimiento que pueda separarnos.

Cuando nuestro enfoque esté plenamente en Cristo, el Espíritu producirá fruto en nuestras vidas, frutos de paz, amor y gozo. Procuremos aprender a contentarnos con todo lo que tenemos como lo hizo Pablo, y confiemos de todo corazón en que el Señor tiene lo mejor para cada una de nosotras. Apoyémonos en él, afirmémonos en su Palabra, que es viva y eficaz, y solo por medio de él podremos alcanzar gozo, satisfacción y paz.

Considera lo siguiente:

- Expresa gratitud a Dios por todas las bendiciones que le ha brindado a otros.

- Rodéate de personas que colaboren en este proceso de sanidad.

- Busca un modelo inspirador, una mentora, alguien con quien abrir tu corazón sinceramente.

- Sirve al Señor entregando lo mejor de ti, y no te enfoques en el servicio del otro.

- Agradece a Dios por todo lo que tienes ahora.

Para reflexionar

Te invito a que puedas tener un momento a solas con Dios y puedas meditar en las preguntas que vienen a continuación. Ora para que el Señor te guíe y puedas responder con total apertura y honestidad. Dios quiere llevarte a un camino más excelente.

- ¿Te consideras una persona celosa? Si tu respuesta es afirmativa, ¿a qué le temes verdaderamente?

- Ante la bendición de otro, ¿te alegras o te complicas?

- ¿Cuándo fue la última vez que sentiste envidia?

Decide ser libre de toda envidia o celos que hayan inundado tu corazón, busca arrepentimiento, abre tu corazón, y si es necesario pedir perdón, hazlo. Dios quiere restaurarte.

Descarga en ***www.e625.com/extras*** la *Guía de Trabajo Grupal* correspondiente a este capítulo.

CAPÍTULO 15

ALÉGRENSE SIEMPRE EN EL SEÑOR

¡Alégrense! (Filipenses 4:4)

¡Alegría! Que hermosa emoción, una emoción que surge de la profundidad de nuestro corazón.

La alegría es una de las emociones básicas y, al igual que el resto de las emociones, tiene una función adaptativa. Ella es la que nos invita a explorar nuestro mundo y sonreír. Estar contentas es beneficioso para nuestro cuerpo y mente; es posible que la propia activación fisiológica asociada refuerce la sensación de estar sonriendo y compartiendo nuestra alegría con los demás.

¿Qué es lo que les da alegría a nuestros días?

¿Has pensado en ello? Si nos detenemos a reflexionar un poco concluiremos que, por lo menos, hay tres circunstancias que estimulan la alegría en nosotras.

- **Estar con las personas que amamos:** ya sean familia o amigos; estar con ellos nos hace sentir alegría. En este sentido podría decirse que la alegría es relacional; estar con otros nos anima, inspira y nos da esperanza.

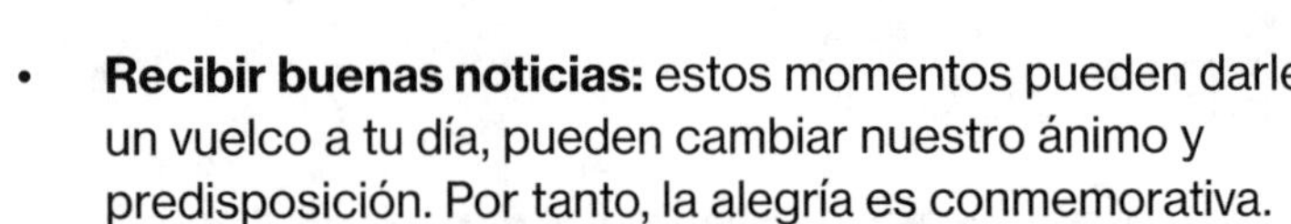

- **Recibir buenas noticias:** estos momentos pueden darle un vuelco a tu día, pueden cambiar nuestro ánimo y predisposición. Por tanto, la alegría es conmemorativa.

- **Estar vivas:** el poder respirar, tener salud, un lugar donde vivir, son motivos que traen alegría a nuestro corazón.

Estos tres motivos deben estar siempre presentes en nuestra vida como hijas de Dios. El Padre nos proporciona la alegría de estar con otros, de ser partícipes de su maravillosa y gran familia; nos dio las buenas noticias del evangelio y la alegría de que todo lo que somos y está a nuestro alrededor es por causa de su amor. ¡Tenemos tantos motivos para agradecer y sentirnos alegres!

Querida amiga, nuestra alegría está en conocer al Señor y obedecer sus mandamientos. David afirma lo siguiente:

Haz que yo ande por la senda de tus mandamientos, porque es ahí donde encuentro la felicidad. (Salmos 119:35)

En el libro de Nehemías, cuando le leyeron al pueblo de Israel los rollos de las leyes y entendieron los mandamientos del Señor, se llenaron de alegría (8:12). El motivo de su alegría estaba fundado en Dios. Esta no se trata de una alegría que es provocada por las cosas externas, es una que tiene raíces profundas porque viene de una relación con Dios, y en ese sentido debemos entender que nuestra alegría no depende de las circunstancias favorables, sino que está presente porque Cristo vive en nosotras, y ese es el mayor motivo de alegría. ¡Alegrémonos siempre en el Señor!

Dios es nuestra fuente de alegría

Existen personas que de manera natural son más alegres, pero para que la alegría tenga mayor consistencia es necesario ser feliz en Dios. Él es el que nos capacita para ser felices y la alegría debe ser una característica que resalte en nuestras vidas.

Tenemos muchos motivos para ser felices y como hijas de Dios debemos serlo. La felicidad que experimentemos será el resultado de haber sido perdonadas, rescatadas y redimidas. ¡No hay excusas! Estar alegres es manifestar esa felicidad.

¡Dichosos aquellos que tienen todo esto! ¡Dichoso el pueblo cuyo Dios es el Señor! (Salmos 144:15)

Existen personas que de manera natural son más alegres, pero para que la alegría tenga mayor consistencia es necesario ser feliz en Dios

Alegría persistente

No son pocas las personas que ven a los cristianos y piensan que sus vidas son tristes y fracasadas, pero no es así: el mundo no sabe que tenemos la vida del Señor en nosotras, y junto con eso, también uno de los frutos del Espíritu que es la alegría.

Para el afligido, todos los días traen problemas; para el de corazón alegre, todos los días son de fiesta. (Proverbios 15:15)

Para la persona que tiene su corazón afligido todos sus días son de preocupaciones, temores y congoja; no es una persona que manifieste alegría, no goza de esa satisfacción que solo hay en el Señor. Por otro lado, para la persona alegre todos los días son de fiesta. En pocas palabras, el oprimido está siempre triste, mientras que los animados están siempre alegres.

Esto no quiere decir que debemos reír y reír sin motivo alguno, no tiene que ver con sonreír porque hasta eso puede ser momentáneo, sino que tiene que ver con una actitud del corazón: para quien está confiado y animado en el Señor, cada problema que se le presente lo verá como una oportunidad para crecer porque tiene la alegría del Señor.

Cuando no es la alegría del Señor la que está en la persona, puede tener abundancia, belleza, fama y cualquier otra cosa que el mundo ve como éxito, pero interiormente es tremendamente

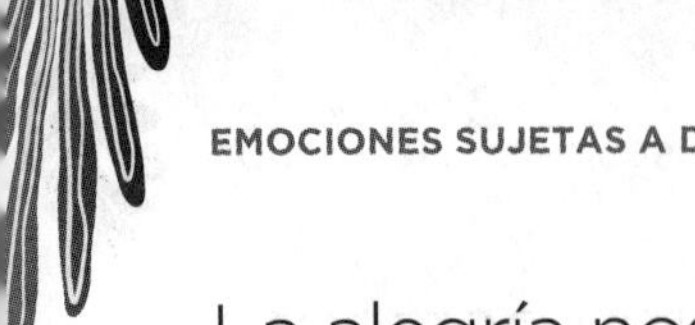

La alegría nos rejuvenece, nos revitaliza, es un ungüento de belleza

infeliz; tiene todo pero a la vez no tiene nada.

La alegría nos rejuvenece, nos revitaliza, es un ungüento de belleza.

El corazón feliz, alegra la cara; el corazón lastimado, entristece el espíritu. (Proverbios 15:13)

En tiempos en donde todo es tan superficial, las mujeres gastan una gran suma de dinero en cirugías estéticas porque se sienten feas o porque no están conformes con su cuerpo; algunas se transforman completamente y consiguen lucir una belleza exterior, pero sus corazones están tristes e invadidos por la insatisfacción. Aquella que está en el Señor y que reconoce que su alegría y satisfacción están en él ve las cosas de manera distinta; su mirada se enfoca en los detalles mínimos de la creación de Dios, y puede haber días fríos o circunstancias difíciles, pero su corazón está afirmado y confiado en él.

Tal vez puedas estar pensando: *¿Cómo voy a estar alegre si todo lo que me rodea es un caos? Hay más motivos para estar triste que para estar feliz.* Puede ser, es probable que tengas todos los motivos para estar triste, pero en Cristo Jesús podemos alegrarnos, en él puedes lograrlo porque es quien te da la fortaleza.

Pablo tenía esa total convicción y por eso lo declara de esta forma:

No lo digo porque esté necesitado, pues he aprendido a estar satisfecho en cualquier situación en que me encuentre. Sé lo que es vivir en la pobreza y lo que es vivir en la abundancia. He aprendido a vivir en cualquier circunstancia: tanto a quedar satisfecho como a pasar hambre, a tener de sobra como a sufrir por no tener nada. Todo lo puedo en Cristo que me da fortaleza. (Filipenses 4:11-13)

Yo quiero vivir con esa convicción, ¿y tú? Todas enfrentamos situaciones difíciles, pero tenemos opciones para escoger. Podemos proclamar la verdad de la Palabra para que el Señor

sea nuestra fuerza, o podemos dejarnos caer. Nuestra alegría como hijas de Dios es diferente, no exenta de circunstancias, pero sí empapada de sus promesas. Nadie puede arrebatarnos esta alegría, ni el enemigo ni los problemas, porque esta es promesa de Dios y él no miente.

¿Cómo podemos tener alegría?

La palabra de Dios siempre nos lleva a la práctica, y es por ello que para experimentar esta alegría que el Señor ya nos dio debemos incorporar en nuestra vida algunas acciones:

> Nuestra alegría como hijas de Dios es diferente, no exenta de circunstancias, pero sí empapada de sus promesas

- **Dar con alegría de corazón**: cualquiera sea la ayuda que prestemos, debe ser con alegría en el corazón. No es el hecho de dar el que agrada el corazón de Dios, es la actitud con la cual lo hacemos. *Cada uno tiene que determinar cuánto va a dar. Que no sea con tristeza ni porque lo obliguen, porque Dios ama al que da con alegría.* (2 Corintios 9:7)

- **Ser ejemplo de misericordia**: mostrar consideración a quienes tenemos a nuestro alrededor. *Si tienes el don de animar a otros, anímalos [...] y si tienes el don de mostrar compasión, hazlo con alegría.* (Romanos 12:8)

- **Canta alabanzas**: cantar es una expresión de alegría, hazlo en todo lugar. *[...] Si alguno está alegre, que cante alabanzas.* (Santiago 5:13)

- **Busca sabiduría**: la sabiduría la encontraremos en la palabra de Dios junto con instrucción, consejo y orientación. Si quieres ser una mujer feliz, ama su Palabra.

Feliz es el que halla sabiduría y adquiere inteligencia.
(Proverbios 3:13)

- **Practicando su Palabra:** no debemos apenas leer, debemos oír y obedecer. Seremos mujeres felices si ponemos en práctica lo aprendido y confiamos en Dios. *El que hace caso a la palabra, prospera. ¡Dichoso el que confía en el Señor! (Proverbios 16:20)*

En esta vida todo es cuestión de elección; escojamos alegrarnos. Si no hay fuerzas, escojamos alegrarnos. Si hay tristezas, escojamos alegrarnos. Escojamos lo que proviene de Cristo.

Habla más de tus alegrías

Sería bueno comenzar a cambiar algunas costumbres, ¿no? Habitualmente nos resulta más fácil hablar de las cosas negativas que nos pasan, pero sería interesante que te pusieras como propósito hablar en tu día a día únicamente de las cosas buenas, de los aspectos positivos de tu vida y de lo que estás viviendo ahora en el presente. Hablar de las alegrías no es ignorar las tristezas o los momentos difíciles que puedas pasar, se trata de escoger mirar las cosas con fortaleza y optimismo, porque de esa manera podremos vivir de manera más plena.

La mayoría de nosotras hemos pasado por momentos difíciles, y es probable que el presente que estemos viviendo en este tiempo no sea tan próspero; no obstante, yo escojo sacar la mirada de la negatividad y ponerla en aquello que me ayuda a avanzar, y ver las cosas buenas que me han pasado.

Habla de tus alegrías de la obra que el Señor ha realizado en ti, trae a tu memoria los recuerdos que reconfortan tu corazón y compártelos. Piensa en cada bendición que te ha dado el Señor, cada oportunidad, su provisión, su protección; cuando comenzamos a cambiar nuestra perspectiva y hablar de las alegrías que nos ha regalado el Señor, comenzarás a experimentar una plenitud en él que no solo te beneficiará a ti, sino también a quienes están a tu alrededor.

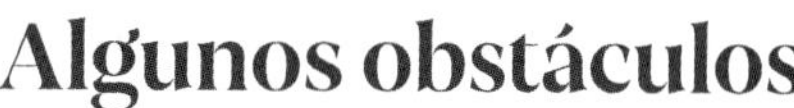

Algunos obstáculos

Es muy agradable experimentar la alegría, y a todas nos gustaría que nuestros días estuvieran recargados de ella, pero ¿por qué no nos acompaña por largo tiempo? Por causa del pecado; este es el encargado de colocar obstáculos que nos apartan de la alegría. A continuación, veremos algunos de ellos:

- Incredulidad: nos imposibilita creer y está ligado con el olvido. Olvidamos lo glorioso y poderoso que es nuestro Dios, olvidamos sus promesas y quiénes somos en él.

- Impaciencia: el querer todo rápido y no saber esperar nos impide ver que Dios está realizando su obra en todo lugar, que tiene el control de todo y que está ejerciendo su voluntad.

- Falta de gratitud: dejamos de agradecer por todas las cosas que Dios ha hecho, nos lleva a pensar más de la cuenta en nosotras mismas.

- Amargura: envanece la alegría que hay en nosotras, querrá ocupar nuestra mente y corazón impidiendo que pensemos correctamente y, por lo tanto, nos llevará a poner la mirada solo en aquellas cosas que nos perjudican.

El pecado nos roba el gozo y destruye nuestra confianza en Dios, causa dolor en el alma y apaga al Espíritu Santo.

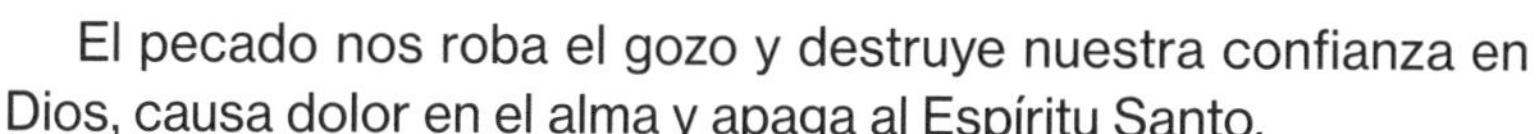

La alegría trae bendición

Frente a los golpes fuertes que nos da la vida, las hijas de Dios no debemos perder la paz y la alegría. Nuestro gozo y regocijo provienen de una comunión profunda con Dios, que se establece por medio de la oración, el ayuno y la lectura de la Palabra. Tenemos que recordar que vivimos por fe y no por las circunstancias.

El profeta Habacuc declaró que, aunque no hubiera provisión, él se regocijaría en el Señor y se alegraría en el Dios de su salvación. Tenemos el gran privilegio de pertenecer al Señor y recibir de su alegría, y ese privilegio es el que nos lleva a exaltar y adorar a nuestro Dios en todo tiempo.

Nuestro corazón necesita de la verdadera fuente de alegría, esa fuente inagotable que suple todo lo que puede faltarnos. Ser una mujer alegre no es tan difícil como muchos pesimistas piensan. Necesitamos entender que la alegría es un fruto del Espíritu, una consecuencia inevitable para quien está en Cristo, viviendo en el Espíritu y no en la carne. ¡El gozo del Señor es nuestra fortaleza!

Para reflexionar

Este es un buen momento para reflexionar en todas las bondades y alegrías que el Señor te ha brindado. Agradece al Señor, menciona todas aquellas cosas por las cuales estás agradecida, cree en sus promesas y descansa en él.

Piensa en aquellas situaciones que más han alegrado tu vida. Tómate unos minutos y agradece a Dios por su bondad.

Descarga en **www.e625.com/extras** la *Guía de Trabajo Grupal* correspondiente a este capítulo.

BIBLIOGRAFÍA

- **DeMoss, Nancy Leigh y Kassian, Mary A.** (2014) *Mujer verdadera 101: Diseño Divino.* Editorial Portavoz, filial de Kregel Publications, Grand Rapids, Michigan.

- **Goleman, Daniel.** (1996) *Inteligencia Emocional.* Replika Press Pvt. Ltd. India.

- **Güell Barceló, Manuel.** (2013) *¿Tengo inteligencia emocional?* Ediciones Paidós.

- **LeDoux, Joseph.** (1999) *El cerebro emocional,* por traducción, Marisa Abdala. Editorial Planeta S. A., Barcelona.

- **Levy, Norberto.** (2000) *La sabiduría de las emociones.* Plaza & Janes Editores, S.A.

- **Molina, Ciara.** (2013) *Emociones expresadas, emociones superadas.* Editorial Planeta, S.A

- **Torrabadella, Paz**. (2001) *Cómo desarrollar Inteligencia Emocional.* Océano Ámbar. 

- Artículos extraídos de la *Biblia para Chicas.* Editorial e625. com (2019)

- *Psicología y mente.* Artículos sobre el victimismo y emociones.

- Universidad Unir. *Guía de modelos antropológicos en psicología. Proceso emocional: emociones básicas y sentimientos. Guía de Psicología de la Interacción social. Las emociones en la interacción social.*

ALGUNAS PREGUNTAS QUE DEBES RESPONDER:

¿QUIÉN ESTÁ DETRÁS DE ESTE LIBRO?

Especialidades 625 es un equipo de pastores y siervos de distintos países, distintas denominaciones, distintos tamaños y estilos de iglesia que amamos a Cristo y a las nuevas generaciones.

e625.com

¿DE QUÉ SE TRATA E625.COM?

Nuestra pasión es ayudar a las familias y a las iglesias en Iberoamérica a encontrar buenos materiales y recursos para el discipulado de las nuevas generaciones y por eso nuestra página web sirve a padres, pastores, maestros y líderes en general los 365 días del año a través de **www.e625.com** con recursos gratis.

zona de contenido
PREMIUM

¿QUÉ ES EL SERVICIO PREMIUM?

Además de reflexiones y materiales cortos gratis, tenemos un servicio de lecciones, series, investigaciones, libros online y recursos audiovisuales para facilitar tu tarea. Tu iglesia puede acceder con una suscripción mensual a este servicio por congregación que les permite a todos los líderes de una iglesia local, descargar materiales para compartir en equipo y hacer las copias necesarias que encuentren pertinentes para las distintas actividades de la congregación o sus familias.

¿PUEDO EQUIPARME CON USTEDES?

Sería un privilegio ayudarte y con ese objetivo existen nuestros eventos y nuestras posibilidades de educación formal. Visita **www.e625.com/Eventos** para enterarte de nuestros seminarios y convocatorias e ingresa a **www.institutoE625.com** para conocer los cursos online que ofrece el Instituto E 6.25

¿QUIERES ACTUALIZACIÓN CONTINUA?

Regístrate ya mismo a los updates de **e625.com** según sea tu arena de trabajo: Niños- Preadolescentes- Adolescentes- Jóvenes.

¡APRENDAMOS JUNTOS!

e625.com   🅕 🅣 🅞 ▶ /**e625**COM

INSTITUTO
ESPE
CIALI
DADES

-VISITA AHORA-
WWW.INSTITUTOE625.COM
Y LLEVA TU MINISTERIO
AL SIGUIENTE NIVEL
PROFESORES EXPERTOS
ACCESIBILIDAD Y MOVILIDAD
ACTUALIZACIÓN PROFUNDA
METODOLOGÍA FLEXIBLE
5
DIPLAMADOS PARA TÍ

/INSTITUTOE625

Suscripción de
materiales premium
para iglesias

Recursos
gratis

Tienda con envíos
internacionales

Chat en
tiempo r

Revista
Líder 6.25

INSTITUTO
e625
Educación online
www.institutoe625.com

Libros
Online

Seminarios para
iglesias locales

Eventos d
actualizació
ministeria

e625.com
TE AYUDA
TODO EL AÑO